판례로 살펴보는
숨은 월급 찾기

임금 벗기기

노서림 | 오빛나라 | 표대중 지음

매일노동뉴스

판례로 살펴보는
숨은 월급 찾기
임금 벗기기

초판 1쇄 발행 2017년 7월 31일
　　2쇄 발행 2017년 8월 23일

지 은 이   노서림·오빛나라·표대중
펴 낸 곳   ㈜매일노동뉴스
펴 낸 이   박 운·부성현
디 자 인   윤혜정

등　　록   제2008-62호
주　　소   서울특별시 마포구 양화로10길 20(서교동, 2층)
전　　화   02-364-6900
팩　　스   02-364-6901
홈페이지   www.labortoday.co.kr

ISBN 978-89-97205-38-7
값 18,000원

이 책의 판권은 ㈜매일노동뉴스에 있습니다.
내용의 일부와 전부를 무단 게재하거나 복제하는 것을 금합니다.

머리말

　기업의 인사·노무 자문 업무를 하다 보면 임금과 관련해 많은 질문을 받습니다. 회사가 다양한 만큼 다양한 급여대장과 각종 명목의 수당이 존재하기 때문에 기업의 인사·노무·급여 담당자는 임금 관련 업무에 어려움을 겪습니다. 퇴직금을 산정할 때 어떤 수당을 산입해야 하는지, 가산수당을 산정할 때 어떤 수당을 산입하지 않아야 하는지가 늘 어렵습니다. 한편 근로자들은 본인이 받은 급여와 퇴직금이 적법하게 산정된 것인지, 본인이 받을 수 있는 연차수당은 얼마인지 알고자 합니다. 실무를 하는 과정에서 자주 받은 질문에 대한 답변과 그에 대한 근거자료인 법령·판례·행정해석을 체계적으로 정리했더니 한 권의 책이 됐습니다.

　이 책은 총 3부로 구성돼 있습니다.

　1부는 사용자로부터 지급받는 금원의 성격을 구별하는 기준을 담고 있습니다. 다양한 명목의 수당이 임금·평균임금·통상임금에 해당하는지, 최저임금 산정 시 포함되는지 구별하는 기준을 소개했습니다. 같은 명칭의 수당이라도 지급형태나 방법에 따라 판례나 노동부 행정해석에서 어떻게 다루고 있는지 사례를 통해 확인할 수 있습니다.

　1장에서는 현행 근로기준법상 임금의 개념과 평균임금·통상임금의 개념을 설명했습니다. 근로자가 사용자로부터 받는 금품 중 임금인 것과 임금이 아닌 것을 구분하는 기준을 소개하고, 실제 급여대장에 기재되는 항목이 임금에 해당하는지 여부를 판단한 사례를 제시했습니다.

　2장에서는 평균임금의 개념과 산정방법, 3장에서는 통상임금의 개념을 기술했습니다. 대법원 전원합의체 판결의 통상임금 판단기준과 실무에서 통상임금 판단기준에 부합하는 경우로 인정된 사례, 사용자로부터 지급받는 각종 수당이 통상임금에 해당하는지 여부를 판단한 사례와 예외적으로 신의칙을 적용해 통상임금 청구를 제한할 수 있다고 보는 전원합의체 판결을 소개했습니다.

　4장에서는 최저임금제도를 기술했습니다. 사용자로부터 지급받는 각종 수당이 최저임금에 포함되는지 여부를 중심으로 최저임금을 산정하는 방법과 최저임금 미달 여부를 판단하는 방법을 설명했습니다.

  2부에서는 근로자와 사용자 모두가 관심 있어 하는 퇴직급여제도·연차수당·주휴수당·가산수당을 다뤘습니다. 임금체불 등 분쟁이 많이 발생하는 부분이기에 따로 분류해 사례를 제시했습니다.

  1장에서는 퇴직금제도와 퇴직연금제도로 구성돼 있는 퇴직급여제도를 근로자퇴직급여 보장법을 중심으로 설명했습니다. 퇴직금제도는 퇴직금 산정방법과 근로자퇴직급여 보장법에서 유효하게 인정되는 중간정산제도를 중심으로 기술하고, 퇴직연금제도는 확정급여형(DB) 퇴직연금·확정기여형(DC) 퇴직연금·개인형 퇴직연금제도의 특징과 도입 및 운영방법을 중심으로 소개했습니다.

  2장에서는 임금의 관점에서 연차수당과 관련해 실무에서 문제 되는 경우를 중심으로 설명했습니다. 연차수당의 개념과 연차수당 산정과 지급에 있어 다양한 실무사례를 기술했습니다.

  3장에서는 주휴수당의 개념과 부여요건·부여대상·부여방법을 소개하고 주휴수당과 관련해 실무상 문제 되는 사례를 다뤘습니다.

  4장에서는 근로기준법에 따라 가산해 지급해야 할 의무가 있는 시간외수당·야간근로수당·휴일근로수당의 개념 및 산정방법과 예외적인 경우를 설명했습니다.

  3부에서는 임금채권 보호방안을 집행절차·도산절차·실체법상 보호방안으로 나눠 소개했습니다.

  많은 분량이 아님에도 책이 나오기까지 많은 시간이 걸렸습니다. 이 책을 쓸 수 있게 독려하고 출판되기까지 함께해 주신 재단법인 피플 정유석 이사장님, 부족한 책이 출판될 수 있도록 도와주신 매일노동뉴스의 박운 대표님과 정기만 과장님, 보기 좋은 책이 될 수 있게 편집해 주신 단디기획의 윤혜정 실장님께 깊은 감사의 마음을 전합니다.

2017년 7월
공저자 일동

목 차

머리말 04

1부 임금의 정의와 분류 09

1장 현행 법률상 임금제도 11
근로기준법상 임금의 개념 12 | 임금의 판단기준 14 | 구체적 사례 24

2장 평균임금 43
평균임금의 의의 44 | 평균임금으로 산정하는 임금항목 44 |
평균임금 산정방법 45 | 평균임금 산정특례 51

3장 통상임금 57
통상임금 정의 규정 58 | 대법원 전원합의체 판결에 따른 통상임금 판단기준 59 |
통상임금에 해당하는지 판단하는 구체적 기준 63 |
대법원 전원합의체 판결에 의한 통상임금 산입범위 68 | 각종 수당의 통상임금 해당 여부 70 |
신의칙 적용으로 추가 임금청구 제한 85 | 통상임금 산정방법 87

4장 최저임금제도 93
최저임금제도 개요 94 | 최저임금 결정방법 94 | 최저임금에 포함되는 임금의 범위 95 |
최저임금 미달 여부의 판단 99 | 최저임금 적용제외 및 감액적용 102 |
최저임금의 효력 104 | 택시운전근로자의 최저임금 106 | 도급근로자의 최저임금 107

목 차

2부 퇴직급여와 주요 법정수당 109

1장 퇴직급여제도 111
퇴직급여제도 개요 112 | 퇴직금제도 118 | 퇴직연금제도 145

2장 연차수당 177
용어 정리 178 | 연차휴가 미사용수당의 의의와 연차휴가와의 관계 180 |
수당 지급시기 및 기준 181 | 연차휴가일에 근무할 경우 가산임금 지급문제 184 |
수당 지급 후 임금인상 시 소급지급 여부 185 | 연차휴가 미사용수당과 평균임금 186 |
연차휴가 미사용수당 미지급과 형사처벌 190 | 소멸시효 193

3장 주휴수당 197
주휴수당의 의의 198 | 주휴일 부여요건 199 | 주휴일 부여대상 203 |
주휴수당 부여방법 205 | 주휴수당이 문제 되는 경우 206

4장 가산수당 209
시간외근로수당 210 | 야간근로수당 214 | 휴일근로수당 215 | 지급형태에 관한 문제 216

3부 임금채권의 보호 217
집행절차상 보호 218 | 도산절차상 보호 221 | 실체법상 보호 222

색인 230

1부
임금의 정의와 분류

1장
현행 법률상 임금제도

1장
현행 법률상 임금제도

1절 근로기준법상 임금의 개념

1. 임금 정의 규정

근로기준법은 "임금이란 사용자가 근로의 대가로 근로자에게 임금, 봉급, 그 밖의 어떠한 명칭으로든지 지급하는 일체의 금품을 말한다"고 명문으로 규정하고 있다(근로기준법 2조1항5호).

2. 임금의 법적 성격

근로기준법이 규정하는 임금의 법적성격과 관련하여 판례는 대법원 전원합의체 판결로 임금2분설을 부정하고 노동대가설을 취하였다.[1]

노동대가설을 취한 다수의견은 구체적으로 다음과 같다. 현행 실정법하에서 모든 임금은 근로의 대가로서 '근로자가 사용자의 지휘를 받으며 근로를 제공하는 것에 대한 보수'를 의미한다. 따라서 현실의 근로 제공을 전제로 하지 않고 단순히

1) 대판 1995. 12. 21. 94다26721 전원합의체 판결

근로자로서의 지위에 기하여 발생한다는 이른바 생활보장적 임금이란 있을 수 없다. 또한 현행법상 임금을 사실상 근로를 제공한 데 대하여 지급받는 교환적 부분과 근로자로서의 지위에 기하여 받는 생활보장적 부분으로 2분을 할 아무런 법적 근거도 없다.

임금은 기본적으로 근로자가 생활하는 데 필요한 생계비와 기업의 지불능력과의 상관관계에 따라 형성된다. 임금을 지불항목이나 성질에 따라 사실상 근로를 제공한 데 대하여 지급받는 교환적 부분과 현실의 근로 제공과는 무관하게 단순히 근로자로서의 지위에 기하여 받는 생활보장적 부분으로 나누고(이른바 임금2분설) 이에 따라 법적 취급을 달리하는 것이 반드시 타당하다고 할 수도 없고, 실제로 현실의 임금 항목 모두를 교환적 부분과 생활보장적 부분으로 준별하는 것은 경우에 따라 불가능할 수 있다. 임금2분설에서 전형적으로 생활보장적 임금이라고 설명하는 가족수당·주택수당 등도 그 지급 내용을 보면 그것이 근로시간에 직접 또는 비례적으로 대응하지 않는다는 의미에서 근로 제공과의 밀접도가 약하기는 하지만 실질적으로는 사용자가 의도하는 근로를 근로자가 제공한 것에 대하여 그 대가로서 지급되는 것이다. 단순히 근로자 지위를 보유하고 있다는 점에 근거하여 지급한다고 할 수 없으며, 이러한 수당 등을 지급하게 된 것이 현실의 근로 제공과는 무관하게 단순히 근로자의 생활이나 지위를 보장하기 위한 것이라고 할 수도 없다. 이러한 수당 등을 현실적인 근로 제공의 대가가 아닌 것으로 보는 것은 임금의 지급 현실을 외면한 단순한 의제에 불과하다.

한편 반대 의견인 임금2분설의 입장은 근로계약에 의하여 근로자가 제공하는 노동은 근로자가 보유하고 있는 '육체적 및 정신적 모든 능력의 총집합'으로서 노동력의 사용 또는 처분에 관한 권한을 사용자에게 맡겨 놓고 사용자의 지휘·명령에 따라 구체적인 노동을 제공하는 이른바 종속노동의 성격을 갖고 있으므로, 근로자에게 지급되는 임금은 구체적인 노동 제공 대가로서의 의미를 갖기 이전에 기본적으로 근로자가 전인격적인 노동력의 처분 등에 관한 권한을 사용자에게 맡겨 놓은 것에 대한 대가로서의 성격을 갖는 것으로 본다.

따라서 근로계약은 이를 체결한 근로자가 사용자의 기업조직에 편입되어 근로자로서의 지위와 직무를 맡게 되는 1차적 의무와 근로자가 매일매일 사용자의 지시에 따라 구체적인 근로를 제공하여야 할 2차적인 의무를 부담하는 이중적 구조를 갖게 된다. 근로자 임금도 이러한 이중구조에 대응하여 전자처럼 근로자 지위를 취득함에 따라 발생하는 부분과 후자처럼 구체적인 근로의 제공에 따라 발생하는 부분의 통합적 형태로 구성되어 있다고 판단한다.

2절 임금의 판단기준

근로기준법상 임금은 사용자가 근로의 대가로 근로자에게 지급하는 일체의 금품이다. 근로자에게 계속적·정기적으로 지급되고 그 지급에 관하여 단체협약·취업규칙·근로계약·노동관행 등에 의하여 사용자에게 그 지급의무가 있고, 일정 요건에 해당하는 근로자에게 일률적으로 지급하는 것이라면 그 명칭 여하를 불문하고 임금에 해당한다.[2]

판단기준은 다음과 같다.

1. 근로의 대가로 지급

가. 근로제공과 직접적 또는 밀접한 관련성

임금으로 인정되기 위해서는 사용자가 근로자에게 지급하는 금품이 '근로의 대

---

2) 대판 2003. 2. 11. 2002다50828

가'로서 지급되는 것이어야 한다. '근로의 대가'란 금품 지급의무 발생이 근로제공과 직접적으로 관련되거나 그것과 밀접하게 관련된 것을 의미한다. 이러한 관련 없이 그 지급의무의 발생이 개별 근로자의 특수하고 우연한 사정에 의하여 좌우되는 경우에는 그 금품의 지급이 단체협약·취업규칙·근로계약 등이나 사용자의 방침 등에 의하여 이루어진 것이라 하더라도 근로의 대상으로 지급된 것으로 볼 수 없다.[3]

관/련/판/례

근로의 대상으로 지급된 금품

【구체적 사실관계】
취업규칙상 월의 중도에 퇴직하더라도 당해 월의 보수 전액을 지급한다는 규정이 있는 경우 퇴직 당해 월의 보수 전액을 퇴직금 산정의 기초가 되는 평균임금의 계산에 포함시킬 수 없다고 본 사례

【판결요지】
근로자에게 지급되는 금품이 평균임금 산정의 기초가 되는 임금총액에 포함될 수 있으려면 그 명칭의 여하를 불문하고, 또 그 금품의 지급이 단체협약·취업규칙·근로계약 등이나 사용자의 방침 등에 의하여 이루어진 것이라 하더라도 그 지급의무의 발생이 근로제공과 직접적으로 관련되거나 그것과 밀접하게 관련된 것으로 볼 수 있는 것, 즉 근로의 대상(對償)으로 지급된 것으로 볼 수 있어야 한다.
〈대법원 1999. 5. 12. 선고 97다5015 전원합의체 판결〉

나. 근로의 대가로 인정되지 않는 경우

근로의 대가와 관계없이 ① 의례적·임의적이거나 호의적·은혜적으로 지급되는 경우(경조사의 축의금·조의금 등) ② 지급사유의 발생이 개별 근로자의 특수하고

3) 대판 1999. 5. 12. 9/다5015 전원합의체

우연한 사정에 의하여 좌우되는 경우 ③ 기업설비의 일환 또는 실비변상적으로 지급하는 경우(출장비 · 차량유지비 · 판공비 · 기밀비 · 영업활동비 · 작업복 · 작업용품대금 등) ④ 근로자의 복리후생을 위해 일시적 또는 일부 근로자에게만 지급하는 경우(사택제공 · 학자금보조 · 급식보조 · 교통비보조 · 목욕 및 운동시설 등) ⑤ 해고예고수당 · 재해보상금 · 전임자 급여 및 근로시간면제자 급여 등도 근로의 대가성이 없으므로 임금으로 인정될 수 없다.[4]

다만 복리후생적인 금품이라 하더라도 단체협약이나 취업규칙 및 관행에 따라 정기적으로 모든 근로자에게 일률적으로 지급하는 금품은 순수한 의미의 복리후생비로 볼 수 없어 임금에 해당할 수 있다.[5]

실비보상적인 것이라도 실적에 따른 대가적 의미의 성격이 강한 경비로서 모든 근로자에게 일정액을 계속적 · 정기적으로 지급하였다면 이는 임금으로 보아야 한다.[6]

2. 계속적 · 정기적 · 일률적 지급

가. 계속성 · 정기성

계속성 · 정기성은 근로의 대가로 지급되는 금품으로 볼 수 있는가를 판단하는 대표적인 기준이다. 근로기준법 시행령 2조2항은 모법에 위임 근거는 없지만 임시로 지급된 임금과 수당은 평균임금을 위한 임금총액에 산입하지 않는다고 규정하고 있다. 판례 또한 계속성 · 정기성을 임금의 요건으로 들고 있는데, 일시적 · 돌발적 사유로 인하여 지급되면 근로대가성을 인정받기 어렵다.

---

4) 하경효, 「임금법제론」 신조사, 2013
5) 현창종 외, 「통상임금 문제와 대책」 한국학술정보, 2014
6) 대판 1977. 9. 28. 77다300 연구수당 · 학생지도수당 급여소득 포함

그러나 이와 같은 요건을 갖춘 경우에 한해서만 임금으로 볼 수 있다는 의미는 아니다.[7] 계속적·정기적으로 지급되는 것이 아니라 하더라도 다른 사정을 종합하여 사용자가 근로자의 근로제공과 관련하여 지급하는 것으로 볼 수 있으면 임금에 해당한다. 이와 달리 어느 금품이 계속적·정기적으로 지급되는 것이라 하더라도 근로의 제공과 관계없이 지급되는 것이라면 그 금품의 지급이 단체협약·취업규칙·근로계약 등에 의하여 지급의무가 발생한 것이라 하더라도 임금에 포함시킬 수 없다.[8]

나. 일률성

금품의 지급의무 발생이 근로제공과 직접적으로 관련되거나 그것과 밀접하게 관련된 것으로 볼 수 있어야 한다. 지급의무 발생이 개별 근로자의 특수하고 우연한 사정에 의하여 좌우되는 경우에는 근로의 대상으로 지급된 것으로 볼 수 없어 일률성을 인정하지 않는다.[9]

3. 사용자의 지급의무

가. 지급의무의 근거와 판단기준

사용자에게 근로의 대상성이 있는 금품에 대하여 지급의무가 있다는 것은 그 지급 여부를 사용자가 임의적으로 결정할 수 없다는 뜻이다. 지급의무 발생근거는 단체협약이나 취업규칙·급여규정·근로계약에 의한 것이든, 그 금품의 지급이 사용자의 방침이나 관행에 따라 계속적으로 이루어져 노사 간에 그 지급이 당연한

---

7) 대판 2006. 8. 24. 2004다35052
8) 대판 1996. 5. 14. 95다19256
9) 대판 1995. 5. 12. 94다55934

것으로 여겨질 정도의 관례가 형성된 경우처럼 노동관행에 의한 것이든 무방하다.[10]

어떤 금품이 사용자에게 지급의무가 있는지를 판단함에 있어서는 계속적·정기적으로 지급되고 지급대상·지급조건·지급금액 등이 확정되어 있다면 이는 지급의무가 있는 것으로 볼 수 있어 근로의 대가로 지급되는 임금의 성질을 갖는다.

나. 사용자의 지급의무가 인정되지 않는 경우

금품의 지급사유 발생이 불확정적이고 일시적으로 지급되는 경우[11]이거나 지급사유 발생이 불확정적이고 지급조건이 경영성과나 노사관계 안정 등과 같이 근로자 개인의 업무실적 또는 근로의 제공과 직접적인 관련이 없는 요소에 의하여 결정되게 되어 있어 그 지급 여부 및 대상자 등이 유동적인 경우에는 지급의무가 있는 것으로 볼 수 없으며, 이 같은 경우에는 임금으로 볼 수 없다.[12]

4. 명칭 여하를 불문하고 사용자가 근로자에게 지급하는 일체의 금품

가. 명칭 불문

임금으로 인정되기 위해서는 그 명칭이 반드시 임금이어야 하는 것은 아니다. 보수·급여·인센티브·상여금·성과급·수당 등 어떠한 명칭인지를 불문하고 사용자가 근로의 대가로 근로자에게 지급하는 것이면 임금으로 본다.

나. 금품

10) 대판 2002. 5. 31. 2000다18127
11) 대판 2011. 10. 13. 2009다86246
12) 대판 2013. 4. 11. 2012다48077

임금은 원칙적으로 통화(通貨), 즉 돈으로 지급하여야 하지만 법령이나 단체협약에 특별한 규정이 있는 경우에는 예외적으로 통화 이외의 것 등으로 지급할 수 있다. 금품에는 금전 또는 유가증권뿐만 아니라 현물 또는 시설의 제공 등의 이익을 제공하는 것도 포함된다.

비록 현물로 지급되었다 하더라도 근로의 대가로 지급하여 온 금품이라면 평균임금 산정에 포함되는 임금이고,[13] 현물로 제공되는 식사비나 사택·통근비 등도 현물로 제공되었다는 사실만으로 임금성이 부인되지는 않는다.

5. 사용자가 근로자에게 지급할 것

가. 사용자가 아닌 자가 지급

(1) 고객으로부터 받는 봉사료

대표적으로 문제 되는 경우는 고객이 근로자(호텔식당 등 접객업소에 종사하는 근로자, 택시운송회사에 고용된 택시기사, 카지노영업장 영업사원[14] 등)에게 직접 봉사료나 팁을 주거나 외부금융기관에 적립된 연금 등을 해당 금융기관이 직접 지급하는 것이다. 이는 임금으로 볼 수 없다.

이러한 경우에도 사용자가 고객으로부터 대금의 일정 비율을 봉사료 명목으로 일률적으로 받아 두었다가 정기적으로 전체 근로자에게 그 총액을 분배하는 경우에는 근로의 대가로서 임금에 해당한다.[15] 명칭만 봉사료일 뿐이고, 실질적으로는 영업에 따른 판매대금의 일부에 해당하는 것이며, 그 분배가 정기적으로 균등하게 이루어진다는 점에서 근로자들의 근로제공 대가로서의 성질을 가지기 때문이다.

---

13) 대판 1990. 12. 7. 90다카19647
14) 대판 1999. 1. 26. 90다46198
15) 대판 1992. 4. 28. 91누8104

오로지 고객으로부터 받은 팁만을 위하여 근로를 제공하는 자는 근로제공의 대가로 사용자로부터 현금 대신 영업설비 사용이익을 제공받는 관계로 인정되므로, 이 경우 팁은 근로자가 사용자로부터 제공받은 영업설비 사용이익에 갈음하는 것으로서 그 자체가 임금이 된다고 할 것이다.[16]

(2) 택시기사의 사납금 초과 수입금

택시회사가 그 소속 운전사들에게 매월 실제 근로일수에 따른 일정액을 지급하는 이외에 하루의 운송수입금 중 회사에 납입하는 일정액의 사납금을 공제한 잔액(이하 "사납금 초과 수입금")을 운전사 개인의 수입으로 하여 자유로운 처분에 맡겨 왔다면, 운전사 개인의 수입으로 되는 부분 또한 그 성격으로 보아 근로의 대가인 임금에 해당한다.[17][18] 사용자가 아닌 고객이 운전사에게 금품을 지급한 것이지만 임금으로 보는 것이다.

다만 퇴직금을 산정할 때 택시회사 소속 운전사의 사납금 초과 수입금을 임금으로 볼 수 있는지와 관련해서는 논의가 더 진척된다. 사납금 초과 수입금은 그 성격상 임금이므로 특별한 사정이 없는 한 퇴직금 산정의 기초가 되는 평균임금에 포함된다. 그러나 운전사들이 사납금 초과 수입금을 개인 수입으로 자신에게 직접 귀속시킨 경우에는 퇴직금 산정의 기초인 평균임금에 포함되지 않는다. 반면 총운송수입금을 전부 회사에 납부하는 경우에는 퇴직금 산정의 기초가 되는 평균임금에 포함된다.[19] 퇴직금 산정의 기초가 되는 평균임금 산정과 관련해 사용자의 퇴직금 출연에 예측가능성을 기할 수 있게 하기 위하여 사용자가 관리가능하거나 지배가능한 부분이 아니면 그 범위에서 제외하여야 하기 때문이다. 이때 택

---

16) 1969. 4. 21. 법무 810-4419
17) 대판 1993. 12. 24. 91다36192 회사의 운전사 징계해고가 무효라는 전제로 운전사가 회사 복직 시까지의 기본금·성과금 외에 하루의 운송수입금에서 사납금을 공제한 나머지 운전사 개인의 수입으로 차지하게 되는 금원까지 포함하여 임금으로 청구한 사안
18) 대판 2000. 4. 25. 98두15269 운송회사의 택시 운전사의 산업재해보상보험법상 보험급여 기준이 되는 평균임금을 산정함에 있어 운송수입금 중 사납금을 공제한 잔액을 포함하여야 한다고 본 사안
19) 대판 2007. 7. 12. 2005다25113

시회사의 운전사 전원이 아니라 그중 일부만이 임의로 총운송수입금을 회사에 납부하거나, 회사가 사납금 초과 수입금을 실제의 운송수입금과 일치하는지 여부를 확인하지 아니한 채 추후에 이를 다시 운전사들에게 반환하였다고 하여도 퇴직금 산정의 기초가 되는 평균임금에 포함된다.[20]

한편 산재보험의 경우 근로복지공단이 내부 지침으로 '택시운전근로자 평균임금 산정지침'을 마련하여 2015년 1월 2일부터 시행하고 있다.

관/련/판/례

택시회사 소속 운전사의 사납금 초과 수입금의 퇴직금 산정

【구체적 사실관계】
운송회사가 그 소속 운전사들에게 매월 실제 근로일수에 따른 일정액을 지급하는 이외에 하루의 운송수입금 중 회사에 납입하는 일정액의 사납금을 공제한 잔액을 그 운전사 개인의 수입으로 하여 자유로운 처분에 맡겼을 때 퇴직금 산정의 기초가 되는 평균임금에 포함되는지 여부

【판결요지】
운전사 개인의 수입으로 되는 부분 또한 그 성격으로 보아 근로의 대가인 임금에 해당한다 할 것이므로 사납금 초과 수입금은 특별한 사정이 없는 한 퇴직금 산정의 기초가 되는 평균임금에 포함된다. 다만 평균임금 산정기간 내에 지급된 임금이라 하더라도, 퇴직금 산정의 기초가 되는 평균임금을 산출함에 있어서는, 사용자의 퇴직금 출연에 예측가능성을 기할 수 있게 하기 위하여 사용자가 관리가능하거나 지배가능한 부분이 아니면 그 범위에서 제외하여야 하므로 운전사들이 사납금 초과 수입금을 개인 수입으로 자신에게 직접 귀속시킨 경우, 그 개인 수입 부분의 발생 여부나 그 금액 범위 또한

---

[20] 대판 2006. 11. 9. 2006다42313 퇴직금제도는 근로자의 통상의 생활을 종전과 같이 보장하기 위한 것이므로, 퇴직금 지급사유가 발생하였을 때 그 지급하여야 할 금액의 산출 기초가 되는 '그 사유가 발생한 날 이전 3개월간에 그 근로자에 대하여 지급된 임금'이 특별한 사유로 인하여 통상의 경우보다 현저하게 많을 경우에도 이를 그대로 평균임금 산정의 기초로 삼는다면 이는 근로자의 통상의 생활을 종전과 같이 보장하려는 제도의 근본 취지에 어긋나므로 원고가 퇴직을 예상하고 그 퇴직금 산정에 기초가 되는 평균임금을 높이기 위하여 의도적으로 그러하였음이 인정된다면 위 기간을 제외한 그 직전 3개월간의 임금을 기준으로 평균임금을 산정하여야 함을 지적해 둔 사안

일정하지 않으므로 운송회사로서는 운전사들의 개인 수입 부분이 얼마가 되는지 알수도 없고 관리가능성이나 지배가능성도 없다고 할 것이어서 운전사들의 개인 수입부분은 퇴직금 산정의 기초인 평균임금에 포함되지 않는다고 할 것이나, 원고와 같이 총운송수입금을 전부 피고회사에 납부하는 경우에는 사납금 초과 수입금을 개인 자신에게 직접 귀속시킨 경우와 달리, 피고회사로서는 사납금 초과 수입금의 발생 여부와 금액 범위를 명확히 확인·특정할 수 있어 사납금 초과 수입금을 관리하고 지배할 수 있다고 보아야 할 것이므로 피고회사가 원고로부터 납부받은 사납금 초과 수입금은 퇴직금 산정의 기초가 되는 평균임금에 포함된다 할 것이다.

그리고 피고회사의 운전사들 중 원고를 포함한 일부만이 총운송수입금을 피고회사에 납부하였고, 나머지 운전사들은 일정액의 사납금만을 피고회사에 납부하고 나머지 초과 수입금을 개인 자신에게 직접 귀속시켰다거나, 피고회사가 소속 운전사들로부터 납부받은 사납금 초과 수입금을 실제의 운송수입금과 일치하는지 여부를 확인하지 아니한 채 추후에 이를 다시 운전사들에게 반환하였다고 하여 이러한 판단에 영향이 생기는 것도 아니라 할 것이다.

〈대법원 2006. 11. 9. 선고 2006다42313 판결〉

| 참고 | 산업재해보상보험상 택시운전근로자 평균임금 산정지침 |

▫ 운송수입금 전액관리제도를 시행하고 있는 사업장 소속 근로자
  ○ 사업주로부터 지급받은 임금을 기준으로 평균임금 산정
▫ 운송수입금 사납금관리제도를 유지하고 있는 사업장 소속 근로자
▶ 운행기록에 의해 초과 운송수입금이 확인되는 경우
  ○ 사납금 및 그 밖의 실비를 제외한 금액 인정
▶ 운송수입금이 일일 사납금에 미치지 못하는 등 초과 운송수입금이 없는 것으로 확인되는 경우
  ○ 사업주로부터 지급받은 임금을 기준으로 평균임금 산정
▶ 초과 운송수입금이 확인되지 아니하는 경우
  ○ 운송수입금 사납금제도를 유지하고 있다는 사실을 객관적인 자료* 또는 사업주 확인**이 있는 경우
    * 근로계약서·취업규칙·노사합의서 및 급여명세서(사납금 표시) 등
    ** 서면확인서(구두 확인 불가)
    － 당해 사업장 또는 당해 사업장 소재 지역의 업종과 규모가 동일하거나 유사한 사업장에서 당해 근로자와 직종 및 경력이 유사한 근로자의 평균임금 적용(동종 근로자 평균임금이 없는 경우 고용형태별근로실태조사(구 임금구조기본통계조사보고서) 통계임금 적용)

- ○ 운송수입금 사납금제도를 유지하고 있다는 사실이 객관적인 자료에 의해 확인되지 않는 경우 또는 사업주 확인이 없는 경우
  - 사업주로부터 지급받은 임금을 기준으로 평균임금 산정

    (근로복지공단 보상부 2015. 1. 2. 제정, 제2015-1호)
- ▫ 운송수입금 전액관리제도를 시행하고 있는 사업장 소속 근로자
  - ○ 사업주로부터 지급받은 임금을 기준으로 평균임금 산정
- ▫ 운송수입금 사납금관리제도를 유지하고 있는 사업장 소속 근로자
- ▶ 운행기록에 의해 초과 운송수입금이 확인되는 경우
  - ○ 사납금 및 그 밖의 실비를 제외한 금액 인정
- ▶ 운송수입금이 일일 사납금에 미치지 못하는 등 초과 운송수입금이 없는 것으로 확인되는 경우
  - ○ 사업주로부터 지급받은 임금을 기준으로 평균임금 산정
- ▶ 초과 운송수입금이 확인되지 아니하는 경우
  - ○ 운송수입금 사납금제도를 유지하고 있다는 사실을 객관적인 자료* 또는 사업주 확인**이 있는 경우
    * 근로계약서·취업규칙·노사합의서 및 급여명세서(사납금 표시) 등
    ** 서면확인서(구두 확인 불가)
    - 당해 사업장 또는 당해 사업장 소재 지역의 업종과 규모가 동일하거나 유사한 사업장에서 당해 근로자와 직종 및 경력이 유사한 근로자의 평균임금 적용(동종 근로자 평균임금이 없는 경우 고용형태별근로실태조사(구 임금구조기본통계조사보고서) 통계임금 적용)
  - ○ 운송수입금 사납금제도를 유지하고 있다는 사실이 객관적인 자료에 의해 확인되지 않는 경우 또는 사업주 확인이 없는 경우
    - 사업주로부터 지급받은 임금을 기준으로 평균임금 산정

    (근로복지공단 보상부 2015. 1. 2. 제정, 제2015-1호)

(3) 학부형으로 조직된 기성회로부터 지급받는 교재연구비

학부형으로 조직 설립된 기성회가 증여의 형식으로 교재연구비를 지출하는 이상 기성회의 금원납입지출 사무를 학교법인이 사실상 담당한다 하여 기성회가 법인의 지배하에 있다 할 수 없으니 교재연구비를 근로의 대가로 지급한 것이라고 단정할 수 없다.[21]

21) 대판 1976. 3. 9. 75다872

(4) 행정목적의 재정지원으로 지급된 수당

금품을 받았더라도 사용자와 근로자 관계에서 지급된 것으로 볼 수 없는 경우에는 임금이 아니다. 지방자치단체로부터 재정적 지원을 받아 운영되는 죽제공예센터의 종업원이 기능공 양성을 위한 행정적 목적에서 모집된 수강생들이라면 이들에게 지급되는 수당은 근로기준법상 임금이 아니라 일종의 장려금이다.[22]

나. 근로자가 아닌 자에게 지급

사용자가 근로자가 아닌 자에게 지급하는 금품은 임금이 아니다. 따라서 근로자성을 인정받지 못하는 업무집행권을 가진 이사 등 임원,[23] 순수한 훈련생에게 지급되는 금품[24] 등은 근로기준법상 임금이 아니다.

다만 사용자가 근로자로부터 원천징수하여 납부하는 근로소득세액(소득세법 127조, 134조 내지 143조) 상당액은 임금에 포함된다.

3절 구체적 사례

근로자가 특수한 근무조건이나 환경에서 직무를 수행함으로 말미암아 추가로 소요되는 비용을 변상하기 위하여 지급되는 실비변상적 금원 또는 사용자가 지급 의무 없이 은혜적으로 지급하는 금원 등은 원칙적으로 임금이 아니다.[25]

---

22) 대판 1997. 10. 11. 77도2507
23) 대판 1988. 6. 14. 87다카2268
24) 대판 1977. 10. 1. 77도2507
25) 대판 2003. 4. 22. 2003다10650 가족수당 · 중식대는 통상임금 불포함, 선물비는 평균임금 불포함

모든 근로자에게 일률적으로 일정액이 계속적·정기적으로 지급되지 않고 임의적·일시적으로 지급되는 금품의 경우에도 근로 제공과 관련 없이 지급되는 것으로 판단하는 사례가 많다.[26]

근로자가 지급받는 다양한 명목의 금품이 임금에 해당하는지 여부는 사안에 따라 구체적·개별적으로 판단하여야 한다. 이하에서는 판례 사안을 소개한다.

1. 은혜적·호의적·복리후생적으로 지급하는 금품

가. 식사비·식권·식사 제공

○ 임금이라고 본 사례

회사가 전 근로자에게 출근일에 한하여 일정 금액 상당의 식사를 현물로 제공하되, 식사를 하지 않은 근로자에게도 이에 상응하는 비용[27]이나 쿠폰[28](구판장 이용 구매권)을 지급하여 온 경우라면 식사비 및 쿠폰은 임금에 해당한다.

○ 임금이 아니라고 본 사례

① 사용자가 출근하여 실제 근로를 한 근로자에 한하여 현물로 식사를 제공하고, 사용자가 제공한 식권은 2일간 유효하고 식사를 하지 않는 근로자들이 식비에 상응하는 현금이나 다른 물품을 청구할 수 없고, 회사가 이를 지급할 의무를 인정할 근거가 없다면 이는 근로자에게 복리후생을 위하여 제공된 것으로 임금이라고 보기 어렵다.[29]

② 중식을 현물로 제공하되, 근로자가 회사의 구내식당을 이용하지 않을 때 일부 소액만을 현금으로 환가해 준 경우에도 회사가 제공한 중식은 현물지급을 원

---

26) 대판 2002. 6. 11. 2001다16722, 대판 1999.9.3. 98다34393
27) 대판 2003.2. 14. 2002다50828
28) 대판 1993. 5. 27. 92다20316
29) 대판 2002. 7. 23. 2000다29370

칙으로 한 복리후생 차원에서 도입되었고, 그 가액이나 금전적 가치가 정해진 바 없어 근로자 개인에게 구체적인 금액의 지급의무를 부담하는 것은 아니고, 회사가 환가해 주는 식권대는 회사가 제공하는 중식에 상당하거나 대체할 수 있는 금액으로 볼 수 없는 소액으로 식사대의 일부만을 보조하고 있는 등 사정이 있다면 중식대는 임금에 포함되지 않는다.[30]

③ 중식제공에 관한 규정이 단체협약상 '임금' 장이 아니라 '후생복지 및 교육훈련' 장에 있다는 점이 임금 해당성을 부정하는 요소로 고려되기도 한다.[31]

나. 자녀학자금보조비

○ 임금이라고 본 사례

자녀학자금보조비라는 명목으로 일정한 요건에 해당하는 모든 근로자에게 정기적·계속적·일률적으로 지급되는 금품은 임금의 성질을 갖는다. 공무원수당 등에 관한 규정 11조에 따라 공무원이 지급받은 자녀학비보조금은 계속적·정기적으로 지급되어 왔고, 그 지급의무가 법령 기타 관계규정에 의하여 확정되어 있는 것으로 실질적으로 노동의 대가로 지급되는 임금에 해당한다.[32]

○ 임금이 아니라고 본 사례

회사가 취업규칙에 예산의 범위 내에서 직원의 취학자녀 중 2인 이내에서 중고생은 공납금의 100%를, 대학생은 공납금의 70%를 타 단체로부터 장학금을 받지 아니하는 한도에서 보조할 수 있도록 한 규정에 따라 직원이 지급받은 자녀교육수당은 임금으로 볼 수 없다.[33] 취학 중인 자녀가 있는 근로자에게 복리후생적으로 지급하는 금품이기 때문이다.

30) 대판 2006. 2. 23. 2005다54029
31) 대판 2006. 5. 26. 2003다54322
32) 대판 1996. 2. 27. 95다37414
33) 대판 1991. 2. 26. 90다15662

다. 가족수당

가족수당이 단체협약 등에 의하여 사용자에게 지급의무가 있고 일정한 요건에 해당하는 근로자에게 일률적으로 지급되어 왔다면 이는 임의적·은혜적인 급여가 아니라 근로의 대가로서 임금에 해당된다.[34]

다만 가족수당이 통상임금에 해당하는지 여부와 관련하여 부양가족이 있는 근로자에만 지급되었던 가족수당은 통상임금에 해당하지 않는다는 판결이 있어,[35] 가족수당이 평균임금의 산정의 기초가 될 수 있다고 판시한 판결들과는 구별된다.

 관/련/판/례

가족수당의 통상임금 포함 여부

【구체적 사실관계】
부양가족이 있는 근로자에게만 지급된 가족수당이 통상임금에 포함되지 않는다고 본 사례

【판결요지】
소정근로 또는 총근로의 대상(對償)으로 근로자에게 지급되는 금품으로서 그것이 정기적·일률적으로 지급되는 것이면 원칙적으로 모두 통상임금에 속하는 임금이라 할 것이나, 근로기준법의 입법 취지와 통상임금의 기능 및 필요성에 비추어 볼 때 어떤 임금이 통상임금에 해당하려면 그것이 정기적·일률적으로 지급되는 고정적인 임금에 속하여야 하므로(대법원 1998. 4. 24. 선고 97다28421 판결 참조), 정기적·일률적으로 지급되는 것이 아니거나 실제의 근무성적에 따라 지급 여부 및 지급액이 달라지는 것과 같이 고정적인 임금이 아닌 것은 통상임금에 해당하지 아니한다(대법원 1991. 6. 28. 선고 90다카14758 판결 , 1994. 10. 28. 선고 94다26615 판결, 1996. 5. 14. 선고 95다19256 판결 , 2002. 7. 23. 선고 2000다29370 판결 등 참조).

---

34) 대판 2002. 5. 31. 2000다18127 회사의 가족수당 규정에 따라 배우자와 20세 미만 자녀 중 2인에 대하여 매월 가족수당을 지급하되 그 액은 배우자에 대하여는 금 20,000원, 자녀에 대하여는 1인당 금 10,000원으로 정하여, 일정한 요건에 해당하는 근로자에게 일률적으로 지급하여 온 사안
35) 대판 2003. 4. 22. 2003다10650

> 원심이 인용한 제1심 판결이 채용한 증거들을 기록에 비추어 살펴보면 원심이, 피고 회사의 기능직 임금규칙 및 일반직 임금규칙에 부양가족이 있는 경우에는 4인을 초과하지 않는 범위 내에서 부양가족 1인당 금 10,000원씩의 가족수당을 지급할 수 있다고 규정되어 있는 사실을 인정한 다음, 가족수당은 부양가족이 있는 근로자에게만 지급되었던 것이므로 특별한 사정이 없는 한 가족수당은 통상임금의 산정 시 포함될 수 없다고 판단한 것은 정당하고, 거기에 상고이유의 주장과 같은 채증법칙 위반으로 인한 사실오인이나 통상임금 산정 시 기초가 되는 임금의 범위에 관한 법리오해의 위법이 있다고 볼 수 없다. 원고들이 상고이유에서 들고 있는 대법원 1990. 12. 7. 선고 90다카19647 판결 , 1995. 7. 11. 선고 93다26168 판결은 모두 가족수당이 평균임금을 산정함에 있어서 그 산정의 기초가 될 수 있다는 취지에 불과하여 본건에 적용하기에 적절하지 아니하다.
> 〈대법원 2003. 4. 22. 선고 2003다10650 판결〉

라. 보험보조금과 개인연금보조금

○ 임금이라고 본 사례

근로자 사회보장제도의 일환으로서 근로자를 피보험자로 하는 사회보험의 경우에 사용자가 법률상 근로자에게 납부의무가 있는 보험료의 전부 또는 일부를 대신 납부하고 있다면, 이는 비록 직접 근로자에게 지급되는 것이 아니라고 할지라도 근로의 대상으로서 임금의 성질을 갖는다.

① 매월 지급하는 개인연금 회사지원금과 사내 신용협동조합 출자보조금이 근로자들 모두에게 계속적·정기적으로 지급되었고 이에 대하여 근로소득세까지 과세되었고, 그 지급기준이 사용자의 의사에 달려 있었던 것도 아니고, 실비변상을 위하여 지급된 것으로 보기도 어려운 경우 이는 임금에 해당한다.[36]

---

36) 대판 2002. 10. 17. 2002다8025

② 회사가 근로자에게 직접 지급하는 것이 아니고 그 지급의 효과가 즉시 발생하는 것은 아니라 하더라도 사용자가 단체협약 등에 의하여 전체 근로자를 피보험자로 하여 개인연금보험에 가입한 후 매월 그 보험료 전부를 대납하였고 근로소득까지 원천징수하였다면, 정기적·계속적으로 지급되어 온 것으로서 회사에 그 지급의무가 있는 것이지 사용자가 은혜적으로 지급하는 것으로는 보기 어려우므로 임금에 해당한다.[37] 직원복지연금[38]이나 단체보험료도 같다.

③ 회사가 근로자들에 대하여 일괄적으로 개인연금을 가입해 주기로 노동자협의회와 합의하였고, 이후 일부 근로자들이 개인연금을 신청하지 아니하거나 해제한 경우에는 개인연금보조금을 지급하지 않고 일부 재가입을 제약하였다가 노사합의를 통해 허용해 왔으며, 현재 97%가 넘는 대다수 근로자가 개인연금보조금을 지급받고 있는 경우에 개인연금보조금은 근로자들이 개인연금 가입신청을 할 경우 회사에게 매월 일정한 금액을 지정한 개인연금 계좌에 입금할 의무가 발생하게 되고, 회사가 매월 정기적·일률적으로 지급하고 있으며, 사용자의 일방적인 의사에 따라 지급기준이 변경되는 것이라거나 실비변상적인 차원의 금원으로 보기도 어려워 임금에 해당한다.[39]

○ 임금이 아니라고 본 사례

근로자 사회보장제도의 일환으로서 근로자를 피보험자로 하는 사회보험 보험료는 법률상 근로자에게 납부의무가 없다면 임금이 아니다. 건강보험료 중 구 의료보험법 51조(현행 국민건강보험법 76조)의 규정 등에 의한 사용자 부담분,[40] 산재보험 등의 사용자 부담 보험료나 근로자가 받는 보험급여는 근로의 대가인 임금이 아니다.

---

37) 대판 2005. 9. 9. 2004다41217
38) 대판 2006. 5. 26. 2003다54322
39) 대판 2011. 6. 10. 2010두19461
40) 대판 1994. 7. 29. 92다30801

마. 설·추석귀향비와 선물비·휴가비·체력단련비·후생용품비

○ 임금이라고 본 사례

사용자가 근로의 대상으로 근로자에게 지급하는 일체의 금품으로서, 근로자들에게 계속적·정기적으로 지급하고 그 지급에 관하여 단체협약·취업규칙·급여규정·근로계약·노동관행 등에 의하여 사용자에게 지급의무가 있으면 그 명칭 여하를 불문하고 임금에 해당된다.

① 근로자들에게 정기적·일률적으로 지급되는 설·추석귀향비는 임금에 해당한다.[41]

② 또한 노사합의에 따라 선물비를 연 200,000원 상당으로 책정한 후 그에 상당하는 선물을 현품으로 지급하는 경우에도 노사합의 및 관행에 따라 일률적·계속적·정기적으로 지급한 금품으로 임금에 포함된다.[42]

③ 하기휴가비에 대해서도 회사가 근로자들의 하기휴가 실시 여부에 관계없이 일률적으로 하기휴가비를 지급하였다면 임금에 해당한다.[43] 설휴가비, 추석휴가비도 단체협약·노사합의 및 관행에 따라 계속적·정기적·일률적으로 지급된 것이라면 평균임금에 포함된다.[44]

④ 체력단련비 명목의 금품은 전 직원을 대상으로 하여 취업규칙 또는 회사 자체의 방침 등에 따라 미리 정한 객관적이고도 일정한 지급기준에 따라 매월 또는 매년 정기적·계속적으로 지급하여 왔다면 임금에 포함된다.[45][46]

---

[41] 대판 2006. 5. 26. 2003다54322 설·추석 귀향버스 운행제도를 폐지하는 대신 설·추석마다 귀향비 150,000원을, 선물비 20,000원을 지급하기로 노사합의를 하고, 그에 따라 매년 설·추석마다 원고들을 포함한 전 근로자들에게 귀향비 150,000원, 선물비 20,000원을 각 지급하여 매년 귀향비 300,000원, 선물비 40,000원을 지급한 사실을 인정한 다음, 이러한 하계휴가비, 설·추석 귀향비 및 선물비는 모두 단체협약에 의하여 피고 회사에 지급의무가 있고, 전 근로자 또는 일정한 요건에 해당하는 근로자에게 일률적으로 지급되어 왔으므로 이는 모두 근로의 대가로서 임금에 해당하여 평균임금 산정의 기초가 되는 임금총액에 포함된다고 한 사안
[42] 대판 2011. 6. 10. 2010두19461
[43] 대판 1996. 5. 14. 95다19256
[44] 대판 2005. 9. 9. 2004다41217
[45] 대판 1990. 12. 27. 90다카19647, 대판 1991. 1. 15. 90다6170
[46] 기업 내에 근로자의 건강증진을 위하여 운동시설이나 목욕시설이 갖추어져 있고, 근로자들이 이를 무료로 이용하더라도 이는 복지후생시설로 마련된 것이므로 그 이용이익은 임금에 포함될 수 없다.

⑤ 후생용품비 또한 계속적·정기적·일률적으로 지급되는 경우 임금에 해당한다.[47]

○ 임금이 아니라고 본 사례

만약 하기휴가를 실시한 종업원에게만 위의 하기휴가비를 지급하였다면 이는 근로제공과 관계없이 은혜적으로 지급된 금품에 불과하여 임금에 해당하지 않는다.[48]

바. 사택의 제공 또는 사택수당

사택은 원칙적으로 복지후생시설에 해당한다. 근로자가 현실적으로 임료 상당의 이익을 얻고 있다고 하더라도 그 평가액을 임금에 포함시킬 수 없다.

단체협약에서 사용자가 근로자들에게 매월 일정액의 사택수당을 지급하되, 회사 건물에 거주하는 근로자들에게는 반대로 같은 금액 상당을 사용료로 징수할 수 있도록 규정하고 있는 경우 해당 사택수당과 함께 사택의 제공 그 자체도 그 평가액의 한도 내에서는 임금에 해당한다.[49]

사. 축의금·조의금·위로금

근로자가 결혼하거나 상 또는 재해를 낭하거나 질병에 걸릴 경우 사용자가 그때마다 결혼축의금·조의금·재해위로금 등 명목으로 근로자에게 지급하는 금품은 의례적인 의미에서 임의로 지급되는 것이므로 임금이 아니다.[50]

---

47) 대판 2006. 5. 26. 2003다54322 매년 200,000원을 지급하되, 상반기와 하반기로 나누어 지급하기로 노사합의하고, 그에 따라 1년에 2회씩 각 10만 원 상당의 여러 생활용품을 전시한 후 근로자로 하여금 필요한 생활용품을 선택하게 하고, 만일 선택한 상품이 10만 원을 초과할 경우 그 초과 금액 상당액을 임금에서 공제하는 방식으로 현물로 지급한 사실을 인정한 다음, 이러한 후생용품비는 단체협약에 의하여 회사에 지급의무가 있고, 전 근로자 또는 일정한 요건에 해당하는 근로자에게 일률적으로 지급되어 왔으므로 이는 모두 근로의 대가로서 임금에 해당하여 평균임금 산정의 기초가 되는 임금총액에 포함된다.
48) 대판 1996. 5. 14. 95다19256
49) 대판 1990. 11. 9. 90다카6948, 대판 1994. 5. 24. 93다4049
50) 고용노동부 예규 "임금산정의 범위에 포함되는 금품 예시" 5. 일부 참조

다만 단체협약·취업규칙·근로계약 등에 경조사비 명목의 금품 지급의무가 명시돼 있는 경우 임금인지 여부에 관하여 견해대립이 있을 수 있다.

2. 실비변상적으로 지급하는 금품

가. 출장비

○ 임금이라고 본 사례

집달관사무원의 사용자인 집달관합동사무소가 부동산현황조사 업무를 보조하는 집달관사무원들에게 매월 처리 사건 수와 관계없이 일률적으로 금 150,000원을 '외근여비'라는 명목으로 정액 지급한 경우 정기적·일률적으로 지급하였다면 근로의 대가인 임금에 해당한다.[51]

일정한 지급기준을 정하여 두고 운행횟수에 비례하여 계산한 금액을 매월 임금 지급일에 계속적·정기적으로 지급하여 온 차량운행수당은 사용자가 관례에 의하여 이를 일률적으로 지급하여야 할 의무가 있는 임금에 포함된다.[52]

○ 임금이 아니라고 본 사례

출장이나 외근을 하는 근로자에게 실비변상적으로 지급하는 것이 명백한 출장비[53]나 출장식대[54]는 근로의 대가로 보기 어렵다.

운송회사가 화물운전자에게 '작업출장비'를 지급하는 경우 이를 운행경비로서 작업이 끝나고 귀사할 때마다 출장식대·고속도로비와 함께 계산하여 그때그때

---

51) 대판 1999. 2. 9. 97다56235
52) 대판 1997. 5. 28. 96누15084 동 판례는 사용자의 지급의무의 발생근거로 노동관행을 인정한다. "사용자에게 근로의 대상성이 있는 금품에 대하여 그 지급의무가 있다는 것은 그 지급 여부를 사용자가 임의적으로 결정할 수 없다는 것을 의미하는 것이고, 그 지급의무의 발생근거는 단체협약이나 취업규칙, 급여규정, 근로계약에 의한 것이든 그 금품의 지급이 사용자의 방침이나, 관행에 따라 계속적으로 이루어져 노사간에 그 지급이 당연한 것으로 여겨질 정도의 관례가 형성된 경우처럼 노동관행에 의한 것이든 무방하다."
53) 대판 1971. 10. 24. 71다1982
54) 대판 1998. 1. 20. 97다18936

지급하였고, 회사의 회계처리상 운행경비 항목으로 취급하여 왔고, 초과근무수당과는 별도로 지급하였으며, 구체적 지급기준이 지역이나 지점에 따라 달라질 수 있으며 그 액수 또한 이를 받지 아니하는 근로자에 비하여 지나치게 많은 금액이라면 이를 근로의 대가로 볼 수 없다.[55]

사용자가 직무수행경비의 일종으로 지급한 직급보조비의 경우 근로자가 청구서 또는 1차 영수증을 첨부하여야 하고, 보수규정 등에 직급보조비가 규정되어 있지 않으며, 급여지급명세서에도 직급보조비 항목이 없다는 점 등을 종합하면 실비변상적 성격의 금원에 해당한다.[56]

유체동산 압류 및 부동산 명도·철거 집행을 위하여 집행관이 집행의뢰인으로부터 예납받아 집행을 보조하는 집행관사무원에게 지급한 '노무수당'이나, 집행관이 경매법원으로부터 부동산현황조사명령을 받고 조사업무를 수행할 때 경매신청인으로부터 예납받은 금원 중에서 그 업무를 보조하는 집행관사무원에게 지급한 '부동산현황조사수당' 등 명목의 금원은 실제 업무를 수행할 때마다 지급되는 것이어서 임금이라고 할 수 없다.[57]

나. 해외파견수당

국외 주재직원으로 근무하는 동안 지급받은 급여 가운데 동등한 직급호봉의 국내 직원에게 지급되는 급여를 초과하는 부분은 근로의 대상으로 지급받는 것이 아니라 실비변상적인 것이거나 해외근무라는 특수한 근무조건에 따라 국외 주재직원으로 근무하는 동안 임시로 지급받은 임금이라고 보아야 한다.[58]

---

55) 대판 1998. 1. 20. 97다18936
56) 서울행판 2013. 4. 26. 2012구합29806
57) 대판 1999. 2. 9. 97다56235
58) 대판 1990. 11. 9. 90다카4683

다. 차량유지비와 자가운전보조비

○ 임금이라고 본 사례

차량유지비의 경우 전 직원에 대하여 또는 일정한 직급을 기준으로 일률적으로 지급되었다면 근로의 대상으로 지급된 것으로 볼 수 있다.[59]

○ 임금이 아니라고 본 사례

차량유지비가 차량보유를 조건으로 지급되었거나 직원들 개인 소유의 차량을 업무용으로 사용하는 데 필요한 비용을 보조하기 위해 지급된 것이라면 실비변상적인 것으로 임금에 해당하지 않는다.

자가운전보조비의 지급 여부가 근로제공과 직접적으로 또는 밀접하게 관련됨이 없이 오로지 일정 직급 이상의 직원이 자기차량을 보유하여 운전하고 있는지 여부, 즉 개별 근로자의 우연하고 특수한 사정에 따라 좌우되는 경우 그것이 실제비용의 지출 여부를 묻지 아니하고 계속적·정기적으로 지급된 것이라 하더라도 근로의 대상으로 지급된 것이라고 볼 수 없다.[60] 또한 전속 운전기사 없이 회사에서 제공하는 차량을 직접 운전하는 임원에 대해 지급한 자가운전부담금,[61] 소유한 차량의 사용연료에 따라 차등을 두어 지급한 자가운전부담금[62]도 실비변상적인 것으로서 근로의 대상으로 지급된 것으로 볼 수 없다.

라. 출퇴근교통비

출퇴근교통비는 지급근거가 급여규정에 명시된 것이 아니라 할지라도 정기적·제도적으로 지급되어 왔고, 사무총장을 제외한 사무국 전 직원에게 그 직급에 따

---

[59] 대판 2002. 5. 31. 2000다18127
[60] 대판 1995. 5. 12. 94다55934
[61] 대판 2011. 10. 27. 2011다42324
[62] 부산지판 2008. 11. 21. 2008가합6390

라 일률적으로 지급되어 온 것일 뿐 아니라, 특히 사무국 직원 중 출퇴근교통비가 지급되지 아니한 사무총장에게는 그 대신에 출퇴근차량이 제공되었다면 위 교통비는 여비나 출장비 등과 같은 실비변상적인 성격의 금원이 아닌 근로의 대가인 임금의 성질을 갖는 금원이다.[63] 전 직원에게 통근비에 갈음하여 정기승차권이 지급되는 경우도 마찬가지다.[64]

마. 일·숙직수당

○ 임금이라고 본 사례

일·숙직 시 업무의 내용이 본래 업무가 연장된 경우는 물론이고 내용과 질이 통상의 근로와 마찬가지로 평가되는 경우에는 해당 업무에 종사한 시간에 대한 임금 및 연장·야간·휴일근로 초과근로수당까지 지급하여야 한다.[65]

○ 임금이 아니라고 본 사례

일·숙직 근무가 정기적 순찰, 전화와 문서의 수수, 기타 비상사태의 발생 등에 대비하여 시설 내에서 대기하고 있는 것으로서 그 자체의 노동 밀도가 낮고 감시·단속적 노동이 대부분인 경우 원래의 근로계약에 부수되는 의무로 이행되어야 하는 것으로서 정상근무에 준하는 임금을 지급할 필요가 없고, 야간·연장·휴일근로수당 등이 지급되어야 하는 것은 아니다.[66]

또한 전 직원에게 일률적·고정적으로 지급되는 수당이 아니라 직원마다 개별적으로 일·숙직 근무를 한 날에 1일당 5,000원의 비율로 지급되는 일·숙직수당은 공사의 보수규정에 규정된 것이 아니라 보수규정 시행세칙의 부칙에 규정된 것으로서 식비 등으로 소비되는 실비보상의 성질을 띤 것이다.[67]

---

63) 대판 1992. 4. 10. 91다37522
64) 고용노동부예규 제30호 '평균임금 산정에 포함되는 임금의 범위 예시와 확인요령' 3조2항 가 (8) 나 참조
65) 대판 1995. 1. 20. 93다46254
66) 대판 1995. 1. 20. 93다46254
67) 대판 1990. 11. 27. 90다카10312

바. 판공비 · 기밀비 · 접대교제비

회사의 임직원등에게 지급되는 판공비 · 기밀비 · 접대교제비는 일반적으로 회사의 영업활동을 위하여 소요되는 경비로서 실비변상적인 성격을 가지므로 임금이 아니다.

사. 연구비 · 연구수당

대학교수의 연구수당 및 학생지도수당이 어떤 실적에 따른 실비변상의 것이 아니고 대학교원에게 일반적으로 일정액을 정기적 · 계속적으로 지급한 것이었다면 근로의 대가인 임금에 해당한다.[68]

다만 교수가 특정한 연구를 위하여 또는 특별한 연구실적이 있는 경우에만 별도로 연구비 또는 연구수당이 지급되는 것이라면, 이는 실비변상적 성격을 갖는 것으로 임금이 아니다.

3. 임의적 · 일시적으로 지급하는 금품

가. 특별상여금과 경영성과금

○ 임금이라고 본 사례

상여금이라 하더라도 계속적 · 정기적으로 지급되고 지급액이 확정되어 있다면 근로의 대가인 임금의 성질을 가진다.

직원임금규정 또는 보수규정에 상여금 지급이 의무적인 것이 아닐 뿐만 아니라 상급기관의 승인이 있어야 지급할 수 있도록 지급조건이 명시되어 있더라도 사

---

[68] 대판 1977. 9. 28. 77다300

용자가 상여금을 일률적 · 정기적 · 계속적으로 지급하였다면 이는 임금의 일종이다.[69]

전 근로자에게 창사기념일에 특별상여금 명목으로 일정액을 지급하여 왔다면 근로의 대가인 임금의 성질을 가진다.[70] 라디오 및 TV방송사업을 하던 회사가 신문사와 광고회사를 흡수합병하며 회사의 전 직원에게 통합창사기념 특별상여금을 지급하고 이후에도 매년 통합창사기념일에 같은 액수를 지급했다면 통합창사기념 특별상여금은 임금이다.[71]

공공기관에서 산하 병원에 근무하는 의사들에게 의사연구비를 지급하여 오던 것을 폐지하는 대신 예규에 의사특별상여금 지급조건을 규정하여 이를 매월 일정액을 정기적으로 지급했다면 임금의 성질을 갖는다.[72]

○ 임금이 아니라고 본 사례

특별성과급 · 특별성과상여금 · 특별상여금 등은 계속적 · 정기적으로 지급되고 지급액이 확정되어 있는지가 임금인지를 판단하는 중요한 기준이 된다.[73] 구체적인 지급기준 · 지급액수 · 지급시기 등 지급조건 및 지급근거에 관한 규정의 존재 여부 · 조건 부가 여부 · 실제 지급된 횟수 · 액수 등을 종합적으로 고려하여 임금에 해당하는지를 판단한다.

상여금 지급사유의 발생이 불확정적이고 일시적인 경우이거나 그 지급조건이 경영성과나 노사관계 안정 등과 같이 근로자 개인의 업무실적 및 근로의 제공과 직접적인 관련이 없는 요소에 의하여 결정되게 되어 있어 그 지급 여부 및 대상자 등이 유동적인 경우에는 임금으로 볼 수 없다.[74]

---

69) 대판 1977. 1. 11. 76다1408, 대판 1976.6.22. 76다439
70) 대판 1982. 11. 23. 81다카1275
71) 대판 1981. 11. 24. 81다카174
72) 대판 1975. 9. 23. 74다1293
73) 대판 2002. 6. 11. 2001다16722, 대판 1998.1.20. 97다18936, 대판 1999.9.3. 98다34393
74) 대판 2013. 4. 11. 2012다48077

근로자 개인의 실적에 따라 결정되는 성과급은 지급조건과 지급시기가 단체협약 등에 정하여져 있다고 하더라도 지급조건의 충족 여부는 근로자 개인의 실적에 따라 달라지는 것으로서 근로자의 근로제공 자체의 대상이라고 볼 수 없으므로 임금에 해당된다고 할 수 없다.[75]

회사가 지급한 성과금은 경영실적이나 무쟁의 달성 여부에 따라 지급 여부나 지급 금액이 달라지므로 경영성과의 일부 분배로 볼 수 있을 뿐, 근로의 대상으로서의 임금이라 할 수 없다.[76]

목표달성 성과금은 매년 노사 간 합의로 그 구체적 지급조건이 정해지며 그해 생산실적에 따라 지급 여부 및 지급률이 달라지므로 임금에 해당하지 않는다.[77]

관/련/판/례

경영성과금 및 생산장려격려금의 임금성

【구체적 사실관계】
운송회사가 그 소속 운전사들에게 매월 실제 근로일수에 따른 일정액을 지급하는 이외에 하루의 운송수입금 중 회사에 납입하는 일정액의 사납금을 공제한 잔액을 그 운전사 개인의 수입으로 하여 자유로운 처분에 맡겨 왔다면 퇴직금 산정의 기초가 되는 평균임금에 포함되는지 여부

---

75) 대판 2004. 5. 24. 2001다76328
76) 대판 2006. 2. 23. 2005다53996 성과금이 근로의 대가가 아닌 경영성과의 분배 목적으로 처음 도입되었고, 현재까지 성과금 지급률의 상한은 경영성과에 따라 정해지고 있는 점, 성과금 지급률은 회사의 생산성 향상률에 따라 원칙적으로 정해지며, 무쟁의도 지급 여부 및 지급률 하한선의 조건이 되는데, 이들 요소들은 구체적인 근로 제공과는 직접적인 관련성이 없는 점, 회사에서는 근로의 대가에 해당하는 기본급과 여러 수당들을 꾸준히 인상하여 지급해 온 점, 실제 경영실적이나 파업 여부에 따라 성과금 지급률이 변동되거나 차등 지급되었고, 200%의 성과금이 일정하게 지급된 것은 위 기간 동안 무분규 조건이 달성됨에 따라 회사가 최저지급률 보장약속을 지켰기 때문일 뿐, 불황이나 분규발생 등으로 인한 경영실적 악화 시에도 회사가 일정률의 성과금을 계속 지급할 의사가 있다거나 그와 같은 관행이 성립되었다고 보기는 어려운 점, 회사 노동조합도 성과금이 임시적인 것임을 인정하고 고정급으로 지급해 줄 것을 회사에 계속 요구하여 왔으나 합의에 이르지 못한 점 등을 근거로 함.
77) 대판 2005. 9. 9. 2004다41217

【판결요지】

㉮ 회사의 1997년 및 1998년도 경영성과금은 급여규정이나 단체협약에 규정된 바 없이, 매년 임금협약 시 노사 간 합의로 그 지급 여부나 구체적인 지급기준 등이 정해졌고, 위 1992년도부터 원고들이 모두 퇴직한 1998년도까지의 기간 동안에는 성과금의 지급기준이 거의 매년 틀려 그 지급액이 확정되어 있었다고 보기 어려운 점, 1994년도까지는 비록 아무런 지급조건이 부가되지는 않았으나, 그 지급기준이 일정하지 않고, 1995년도부터 원고들이 모두 퇴직한 1998년도까지는 1996년도 한 해를 제외하고 모두 무쟁의 내지 무분규 등의 지급조건이 부가된 점, 회사는 매년 노사합의에서 정한 바대로 빠짐없이 성과금을 지급하였는데, 이는 1996년도를 제외하고는 지급조건에서 정한 쟁의나 분규가 없었기 때문이었고, 1996년도에는 비록 분규가 있었지만 그 성과금 지급에 있어 '무분규' 등과 같은 지급조건이 부가되지 않았기 때문인 것으로 보일 뿐, 이로써 분규 발생에도 불구하고 회사가 일정률의 성과금을 계속 지급할 의사가 있다거나 그와 같은 관행이 성립되었다고 보기는 어려운 점 등을 종합하면 임금에 해당하지 아니한다.

㉯ 회사가 성과금을 지급하기로 한 1992년 임금협약을 통하여 성과금 외에 별도로 노사화합특별격려금을 지급하기 시작한 이래 매년 임금협약을 통하여 성과금 외에 별도의 금원인 격려금을 지급하여 왔는데, 이러한 금원 역시 급여규정이나 단체협약에 규정된 적이 없이, 매년 임금협약 시 노사 합의의 형태로 지급액(지급률), 지급조건 유무 및 그 내용 등이 정해져 실행되어 왔다는 것이고, 각 그 지급시기가 대체로 임금협약 교섭 타결 즉시로서 일정하긴 하나, 이는 회사측이 임금교섭의 조기 타결을 유도하기 위하여 성과금과는 달리 그 지급시기를 교섭 타결 즉시로 정한 것으로 보이며, 지급금액의 결정기준도 일정 금액으로 하거나 혹은 상여금을 기준으로 한 비율에 의하는 등으로 매년 일정하지 않았을 뿐만 아니라, 지급명목도 해마다 달랐고, 1998년도에는 IMF 외환위기로 인하여 아예 지급되지도 않았으며, 1995년, 1997년 및 1999년도에는 '임금교섭 무분규 타결'의 지급조건이 명시적으로 부가되었고, 1998년도를 제외한 나머지 연도의 경우에도 비록 위와 같이 지급조건이 부가되지는 아니하였지만, 그 지급명목이 주로 '노사화합 특별격려금', '향후 노사관계의 안정과 산업평화 도모를 위한 산업평화촉진금', '경쟁력 향상 및 노사관계 선신화 실천을 위한 특별격려금' 등으로서 그 명목 자체에서 근로 제공과는 직접 또는 밀접한 관련 없이 임금교섭의 무분규·조기 타결을 위하여 일시적으로 지급한다는 사정이 반영되어 있는 것으로 보이는 점, 더구나 지금까지의 임금교섭 시 노동조합이 격려금을 요구한 적이 한 번도 없었던 점, 1996년도에는 분규 발생에도 불구하고 특별격려금이 지급된 것은 그 격려금 지급에 있어 '무분규 타결'이라는 지급조건이 부가되지 않았기 때문으로 보이는 점 등에 비추어 보면, 1997년도 생산장려격려금은 근로 제공과는 직접 또는 밀접한 관련이 있는 금원으로 보기 어려울 뿐만 아니라, 계속적·정기적으로 지급되었다고 볼 수도 없어 피고 회사에게 그 지급의무가 있다고 보기 어려우므로, 임금에 해당하지 아니한다.

〈대법원 2006. 5. 26. 선고 2003다54322 판결〉

나. 특별생산격려금·생산성향상축하금·노사신뢰구축격려금·가동격려금

○ 임금이라고 본 사례

특별생산격려금이 지급된 경위가 노동쟁의의 조정결과이고 당시 조정안에서 전년도의 경영성과를 감안한 특별상여금으로서 1회에 한하여 지급하기로 하였더라도 이후 회사의 경영실적의 변동이나 근로자들의 업무성적과 관계없이 근로자들에게 정기적·계속적·일률적으로 지급하여 왔다면 이는 근로계약이나 노동관행 등에 의하여 사용자에게 그 지급의무가 있는 임금에 해당한다.[78]

○ 임금이 아니라고 본 사례

근로의 대가로 고정적·일률적으로 지급한 것이 아니고 매년 말 사정에 따라 명목을 달리하여 은혜적·임시적으로 지급하여 온 금품은 임금에 해당하지 않는다. 생산성향상축하금, 노사신뢰구축격려금, 노사신뢰회복격려금, 가동독려금, 증산축하금 등 명목의 금원에 대하여 지급동기나 경위, 그 지급사유가 미리 확정되지 아니하고 그 지급대상과 지급금액을 포함한 지급조건을 회사가 임의적으로 정하였으며, 매년 말 그 지급실태에 따라 은혜적으로 지급한 것으로 단체협약이나 취업규칙 등에 그 지급대상이나 지급조건, 지급기준 및 지급명목도 미리 정해져 있지 아니하였으므로 회사가 관례에 따라 근로자에게 지급할 의무가 있는 임금이라거나 노사합의에 의하여 그 지급의무가 발생한 임금이라고 할 수 없다.[79]

다. 포상금과 인센티브

○ 임금이라고 본 사례

구두류 제품 판매를 주업으로 하는 회사가 매년 상품권을 판매한 직원에게 그

---

[78] 대판 2001. 10. 23. 2001다53950
[79] 대판 1994. 5. 24. 93다4649

판매실적에 따라 지급하여 온 개인포상금의 경우 해마다 지급시기는 다르나 매년 한두 차례 시행하는 것이 관례화되어 있고, 해마다 미리 지급기준과 지급비율을 정하고 그에 따라 계산된 포상금을 지급하여 왔고, 역점을 두는 사업인 상품권 판매를 위하여 하는 영업활동은 결국 회사에 대하여 제공하는 근로의 일부라고 볼 수 있어 근로의 대가로 지급하는 임금이다.[80]

자동차 판매회사가 영업사원들에게 매월 차량 판매실적에 따라 지급한 인센티브(성과급)도 임금에 해당한다. 인센티브 지급규정이나 영업 프로모션 등으로 정한 지급기준과 지급시기에 따라 인센티브를 지급하여 왔고, 차량판매가 회사의 주업으로서 영업사원들이 차량판매를 위하여 하는 영업활동은 회사에 대하여 제공하는 근로의 일부라 볼 수 있어 인센티브는 근로의 대가로 지급하는 것이고, 매월 정기적·계속적으로 이루어지는 인센티브의 지급이 개인근로자의 특수하고 우연한 사정에 의하여 좌우되는 우발적·일시적 급여라고 할 수 없고, 지급기준에 맞는 실적을 달성하였다면 회사로서도 그 지급을 거부할 수 없기 때문이다.[81] 만일 인센티브를 일률적으로 임금으로 보지 않는다면 인센티브만으로 급여를 지급받기로 한 근로자가 근로를 제공하면서도 근로의 대가로서의 임금을 전혀 지급받을 수 없는 불합리한 결과가 초래된다.

○ 임금이 아니라고 본 사례

회사 차원에서 일정한 성과를 달성한 경우 회사에 3년 이상 근속한 임직원 중 개개인의 업무성과와 관계없이 보험회사가 회사 재량으로 지급대상자를 선발하여 지급한 장기성과급은 임금이 아니다.[82]

한편 팀이나 부서 단위로 지급하는 인센티브는 일반적으로 임금에 해당되지 않는다. 제화회사에서 상품권 실적에 따라 일정한 비율의 부서포상금이나 일정 수

---

80) 대판 2002. 5. 31. 2000다18127
81) 대판 2011. 7. 14. 2011다23149
82) 대판 2013. 4. 11. 2012다48077

의 직원만 선발하여 여행이나 상품을 포상하는 것은 개인적으로 지급되는 것이 아니거나 은혜적인 급부에 불과하여 임금에 포함될 수 없다.[83] 또한 회사가 자동차 영업사원들에게 팀별 목표 달성 여부에 따라 지급 여부가 정하여지는 팀 인센티브를 지급하는 경우 이는 은혜적인 급부에 불과하여 임금으로 볼 수 없다.[84]

---

[83] 대판 2002. 5. 31. 2000다18127
[84] 수원지판 2011. 1. 28. 2009나33003

2장
평균임금

2장
평균임금

1절 평균임금의 의의

평균임금은 이를 산정하여야 할 사유가 발생한 날 이전 3개월 동안에 그 근로자에게 지급된 임금의 총액을 그 기간의 총일수로 나눈 금액을 말한다(근로기준법 2조1항6호). 근로자가 취업한 후 3개월 미만인 경우도 이에 준한다. 평균임금은 일급(日給)으로 산정되며, 산정사유 발생일 이전 3개월 동안 근로자에게 실제 지급된 임금의 총액을 기초로 하여 산정되므로 과거 근로한 시간을 토대로 사후적으로 산술하는, 근로자의 통상 생활임금을 사실대로 반영하는 임금이다.

위와 같은 방법으로 산출된 금액이 그 근로자의 통상임금보다 적으면 그 통상임금액을 평균임금으로 한다(근로기준법 2조2항). 이 경우 통상임금은 일급(日給)으로 산정해야 한다.

2절 평균임금으로 산정하는 임금항목

평균임금은 근로기준법상의 각종 수당(휴업수당·연차휴가수당)과 재해보상금, 근로자 제재로서의 감봉, 산업재해보상보험법상 보험급여(요양급여·휴업급여·장해급여·간병급여·유족급여·상병보상연금·장의비·직업재활급여), 퇴직급여법상 퇴직금, 고용보험법상 구직급여 등을 산정하는 기준임금으로 기능한다.

3절 평균임금 산정방법

1. 관련 법리 및 산정공식

> **참고**
>
> 근로기준법상 소정의 평균임금 산정은 근로자에게 유리한 단체협약이나 취업규칙 등에 관련 규정이 없을 때 최소한 이처럼 산정한다는 것이며, 유리한 산출방식이 단체협약이나 취업규칙 등에 존재할 때에는 그 방법에 의하여 산출되어야 한다.[85]

평균임금 산정기간이란 평균임금을 산정하여야 할 사유가 발생한 날로부터 이전 3개월 동안을 의미한다(이하 "평균임금 산정기간"이라 한다).

$$1일\ 평균임금\ =\ \frac{평균임금\ 산정기간\ 동안\ 지급된\ 임금총액}{평균임금\ 산정기간\ 총일수}$$

2. 평균임금 산정기간

---

85) 대판 1990. 11. 9. 90다카4683

가. "평균임금 산정사유 발생일"

평균임금 산정기간은 이를 '평균임금을 산정하여야 할 사유가 발생한 날'(이하 "평균임금 산정사유 발생일")을 기준으로 기산하며, 과거로 소급하여 그 이전 3개월의 기간을 말한다. 평균임금 산정사유 발생일은 평균임금을 기초로 하는 각종 급여를 지급하거나 감액하여야 할 사유가 발생한 날을 의미한다.

평균임금 산정사유 발생일은 구체적으로 ① 퇴직금에 있어서는 근로자가 퇴직한 날, 즉 퇴직의 사유가 해고인 날은 해고된 날, 자발적으로 사직서를 제출한 때에는 사직서가 수리된 날을 의미한다. 이때 퇴직금 중간정산을 한 경우에는 원칙적으로 사용자와 근로자가 합의로 정한 날, 합의로 정하지 않은 경우에는 근로자가 중간정산을 요구한 날을 평균임금 산정사유 발생일로 본다. ② 근로기준법상 재해보상금 또는 산업재해보상보험급여의 경우에는 업무상 재해로서 사망 또는 부상의 원인이 되는 사고가 발생한 날 또는 진단에 의하여 질병이 발생되었다고 확정된 날(근로기준법 시행령 52조, 산업재해보상보험법 시행령 52조), 당초의 상병이 재발하거나 악화한 경우에는 새로 요양급여의 대상이 되는 업무상 부상 또는 질병이 재발하거나 악화했다고 확정된 날,[86] ③ 근로자 제재로서의 감급에 있어서는 제재 의사표시가 당해 근로자에게 도달한 날[87]이 이에 해당한다.

나. 평균임금 산정사유 발생일 "이전 3개월 동안" 총일수

(1) 역에 의한 기간 계산과 평균임금 산정사유 발생한 당일 불포함

평균임금 산정에 따른 '평균임금 산정사유 발생일 이전 3개월 동안의 총일수'는 실제로 근무한 근로일수를 의미하는 것이 아니라 민법 역(曆)상의 일수(민법 160조)로, 평균임금 산정사유가 발생한 당일은 제외(민법 157조)[88]하고 그 전일부터

---

[86] 대판 2011. 12. 8. 2010두10655
[87] 제재를 한 날 또는 제재를 받아야 할 행위를 한 날을 뜻한다고 보는 반대설도 있다.
[88] 대판 1989. 4. 11. 87다카2901

과거로 소급하여 이전 3개월 동안의 총일수를 의미한다. 예를 들면 2016년 9월 20일 퇴직하는 경우 평균임금 산정기간일은 2016년 6월 20일부터 2016년 9월 19일까지로 이 기간의 총일수는 92일이 된다. 이때 근로기간이 3개월 미만인 경우에는 그 기간만을 기준으로 평균임금 산정방식에 준하여 산정하면 된다(근로기준법 2조1항6호 후단).

(2) 평균임금 산정기간에서 제외되는 기간

근로기준법 시행령 2조1항은 평균임금 산정기간에서 제외되는 기간을 구체적으로 열거하고 있다. 평균임금 산정기간 동안 특별한 사정으로 임금을 지급받지 못하거나 통상의 경우보다 낮은 임금을 받는 경우 이를 평균임금 산정기간에서 제외하여 그 기간 동안 지급받은 임금은 임금총액에 산입하지 아니하는 것이다. 이는 그 기간을 제외하지 않으면 평균임금이 부당하게 낮아짐으로써 결국 통상의 생활임금을 사실대로 반영함을 기본원리로 하는 평균임금제도에 반하는 결과를 피하고자 함에 그 입법취지가 있다.

그러나 근로기준법 시행령에서 정한 평균임금 산정기간에서 제외되는 기간에 해당하지 않는다고 하더라도 그 평균임금 산정기간을 기초로 하여 산정한 평균임금이 퇴직근로자의 특수하고도 우연한 사정에 의하여 통상의 경우보다 현저하게 적은 금액이 되는 경우에는 근로기준법 시행령 4조 소정의 평균임금을 산정하기 부적당한 경우에 해당되어 평균임금 산정기간 등 그 산정방법에서 예외가 인정된다.

통상의 경우보다 적은 임금을 받는 경우가 평균임금 산정기간에서 제외되는 기간에 해당하지 않을 경우(직위해제 등으로 근무하지 못한 기간, 사용자의 귀책 없이 휴업한 기간 등), 평균임금 액수가 통상임금 액수보다 낮을 것으로 예상되므로 통상임금이 평균임금으로 된다고 보는 것이 판례의 입장이다.[89]

---

[89] 대판 1994. 4. 12. 92다20309 개인적인 범죄로 구속기소되어 직위해제되었던 기간은 근로기준법 시행령이 규정한 평균임금 산정기간에서 제외되는 기간 중 어느 기간에도 해당하지 않으므로 그 기간의 일수와 그 기간 중에 지급받은 임금액은 평균임금 산정기초에서 제외될 수 없고, 만일 그 기간과 임금을 포함시킴으로 인하여 평균임금액수가 낮아져 평균임금이 통상임금을 하회하게 되는 경우에는 근로기준법 19조2항에 따라 통상임금을 평균임금으로 하여 퇴직금을 계산하여야 한다고 본 사안

이하에서는 근로기준법 시행령 2조1항에서 정한 평균임금 계산에서 제외되는 기간을 구체적으로 살펴본다.

1) 수습사용 중인 기간(근로기준법 35조5호)

수습사용 중인 근로자는 통상근로자에 비하여 저하된 임금을 받으므로 평균임금 산정기간에서 제외하나, 이는 평균임금 산정사유 발생일을 기준으로 그 전 3개월 동안 정상적으로 급여를 받은 기간뿐만 아니라 수습기간이 함께 포함되어 있는 경우에 한한다. 근로자가 수습기간이 끝나기 전에 평균임금 산정사유가 발생한 경우에는 위 시행령과는 무관하게 평균임금 산정사유 발생 당시의 임금, 즉 수습사원으로서 받는 임금을 기준으로 평균임금을 산정하는 것이 평균임금제도의 취지에 비추어 타당하다.[90]

2) 사용자 귀책사유로 휴업한 기간(근로기준법 46조)

사용자 귀책사유로 휴업하는 경우 사용자는 휴업기간 동안 그 근로자에게 평균임금의 100분의 70 이상의 수당을 지급하여야 한다. 이 경우에도 근로자 임금이 통상의 생활임금보다 적어진다. 사용자 귀책사유로 인하여 근로자에게 불이익이 발생하는 결과를 방지하기 위하여 평균임금 계산 시 해당 기간을 제외한다.

3) 업무상 부상 또는 질병으로 요양하기 위하여 휴업한 기간(근로기준법 78조)

판례는 망인의 재직 중 업무상 재해로 인한 보험급여 산정 시 망인에게 적용되었던 평균임금에 터잡아 산정하는 것이 평균임금 산정특례에 따라 산정한 평균임금에 터잡은 것보다 망인에게 유리하며, 이렇게 산정한 평균임금이 통상의 경우

---

90) 대판 2014. 9. 4. 2013두1232 수습기간 중에 평균임금의 산정사유가 발생한 경우에는 평균임금 산정의 기본원리인 근로자의 통상 생활임금을 사실대로 반영하는 방법으로 평균임금을 산정할 수밖에 없다고 전제한 후 피고가 수습기간 중 원고에게 지급한 임금총액을 기초로 산정한 평균임금은 5,228.65원인데 그 금액이 이 사건 사고 당시 원고가 근무한 나전광업소 소속 근로자의 통상임금 6,010원에 못 미쳐 원고를 보호하기 위해 위 통상임금액을 원고의 최초 평균임금으로 결정한 것은 적법하다고 판단한 사안

보다 현저하게 많다고 보이지 아니하므로, 단지 평균임금 산정기간 중 요양기간을 제외한 나머지 기간 동안 망인에게 지급된 임금총액이 확인되지 않는다는 이유만으로 망인에게 오히려 불리한 평균임금 산정특례를 적용하여 평균임금을 산정한 처분은 위법하다고 보아 재해보상을 위한 평균임금 산정과 관련해 근로자에게 유리하게 판단한 바 있다.[91]

4) 쟁의행위 기간(노동조합 및 노동관계조정법 2조6호)
적법한 쟁의행위기간은 평균임금 산정기간에서 제외한다. 근로자의 정당한 권리행사 또는 근로자에게 책임을 돌리기에 적절하지 않은 사유로 근로자가 평균임금 산정에서 불이익을 입지 않도록 특별히 배려한 구 근로기준법 시행령 2조1항의 취지 및 성격을 고려할 때, 그 6호 '노동조합 및 노동관계조정법 2조6호의 규정에 의한 쟁의행위 기간'이란 헌법과 노동조합 및 노동관계조정법에 의하여 보장되는 적법한 쟁의행위로서의 주체·목적·절차·수단과 방법에 관한 요건을 충족한 쟁의행위 기간만을 의미한다고 보는 것이 판례의 태도다.[92]

5) 업무 외 부상이나 질병으로 사용자의 승인을 받아 휴업한 기간
업무 외 부상이나 질병으로 사용자 승인을 받아 휴업한 기간은 평균임금 산정기간에서 제외한다. 반면 사용자 승인을 받지 않고 휴업하여 무단결근으로 볼 수 있는 경우에는 그 기간을 평균임금 산정기간에서 제외하지 않고 산입한다.

6) 출산전후휴가 기간(근로기준법 74조)
7) 육아휴직 기간(남녀고용평등과 일·가정 양립 지원에 관한 법률 19조)
8) 병역법·향토예비군설치법 또는 민방위기본법에 의한 의무이행을 위하여 휴직하거나 근로하지 못한 기간(그 기간 중 임금을 지급받은 경우는 제외)

---

91) 대판 2012. 2. 23. 2011두26657
92) 대판 2009. 5. 28. 2006다17287

3. 평균임금 산정기간 동안 지급된 임금총액

평균임금 산정기간 동안에 그 근로자에게 지급된 임금이란 평균임금 산정사유 발생일 이전 3개월 동안 그 근로자에게 근로의 대가로 지급된 임금뿐만 아니라 평균임금 산정사유 발생일 기준으로 하여 당연히 지급되어야 할 임금 중 지급되지 아니한 임금을 포함하는 것이다. 실제로 지급된 임금뿐만 아니라 지급되지 않았다 하더라도 평균임금 산정사유 발생일 이전에 이미 채권으로 확정된 것은 임금총액에 포함된다.[93] 가령 평균임금 산정기간 동안 지급되지 않은 체불임금은 임금채권으로 확정되어 평균임금 산정 시 임금총액에 포함된다. 평균임금 산정의 기초가 되는 임금총액은 사용자가 근로의 대상으로 근로자에게 지급하는 일체의 금품을 말한다. 근로자에게 계속적·정기적으로 지급되고 그 지급에 관하여 단체협약·취업규칙 등에 의하여 사용자에게 지급의무가 있으면 그 명칭 여하를 불문하고 임금총액에 포함된다고 할 것이나 근로의 대상과 관련 없이 그 지급의무 발생이 개별 근로자의 특수하고 우연한 사정에 의하여 좌우되는 경우에는 금품 지급이 단체협약·취업규칙 등에 의하여 이루어진 것이라 하더라도 임금총액에 포함되지 않는다.[94] 즉 사용자가 근로자에게 지급한 금품 중에서 앞서 임금의 장에서 살펴본 바에 따른 '임금'으로 인정되어야 평균임금 산정의 기초인 임금총액에 포함되는 것이다.

가. 상여금 등의 산입방식

단체협약·취업규칙·근로계약 등에 미리 그 종류·지급기준·지급시기 등 지급조건이 명시되어 있거나 관례적으로 계속 지급한 사실이 인정되는 상여금·정근수당·체력단련비 등 통상 1개월을 넘는 기간을 단위로 지급되는 임금의 경우 사

---

93) 대판 1978. 2. 14. 77다3121
94) 대판 2011. 7. 14. 2011다23149

유발생일 이전 1년간 지급받은 금액을 12개월로 나누어 3개월분을 임금총액에 포함하여 산정한다. 근로월수가 1년 미만인 경우에는 당해 근로월 중에 지급받은 총액을 그 근로월수로 분할 계산하여 3개월분을 평균임금 산정에 산입한다.[95]

나. 연차휴가수당의 산입방식

연차휴가수당을 평균임금에 산입하는 방식에 대해 행정해석과 판례가 다른 입장을 보이고 있다. 행정해석은 평균임금 산정사유 발생일 이전 1년 이내에 연차휴가 미사용으로 인하여 지급된 연차휴가 미사용수당의 12분의 3을 임금총액에 포함하도록 하고 있다.[96]

이와 달리 판례는 연차휴가를 받게 된 원인이 된 '퇴직하기 전 해 1년간'의 일부가 평균임금 산정기간인 퇴직한 날 이전 3개월 내에 포함되지 아니하는 한 연차휴가수당은 퇴직금 산정기준이 되는 평균임금에 포함시킬 수 없다고 본다.[97]

4절 평균임금 산정특례

1. 고용노동부 고시상 평균임금 산정특례

근로기준법 관계규정에 따른 평균임금 산정방법에 의하여 평균임금을 산정할 수 없는 경우에는 고용노동부장관이 정하는 바에 의하여 평균임금을 산정하여야 한다(근로기준법 시행령 4조).

---

95) 노동부(1981), 평균임금 산정상의 상여금 취급요령 제정 1981. 6. 5. 노동부예규 제39호
96) 1991. 2. 12. 임금32240-2095
97) 대판 1990. 12. 21. 90다카24496

고용노동부 고시 제2015-77호 '평균임금 산정특례 고시'가 시행되고 있다.

> **참고** **평균임금 산정특례 고시** [시행 2015. 10. 14.]
>
> **제1조 【평균임금의 계산에서 제외되는 기간이 3개월 이상인 경우】** ① 「근로기준법 시행령」(이하 "영"이라 한다) 제2조제1항에 따라 평균임금의 계산에서 제외되는 기간이 3개월 이상인 경우 제외되는 기간의 최초일을 평균임금의 산정사유가 발생한 날로 보아 평균임금을 산정한다.
> ② 영 제5조는 제1항에 따라 평균임금을 산정할 때 이를 준용한다. 이 경우 영 제5조제1항 중 "부상 또는 질병이 발생한 달"은 "평균임금의 계산에서 제외되는 기간의 최초일이 속한 달"로 본다.
>
> **제2조 【근로제공의 초일에 평균임금 산정사유가 발생한 경우】** 근로를 제공한 첫날(「근로기준법」 제35조제5호에 따라 수습기간 종료 후 첫날을 포함한다)에 평균임금 산정사유가 발생한 경우에는 그 근로자에게 지급하기로 한 임금의 1일 평균액으로 평균임금을 추산한다.
>
> **제3조 【임금이 근로자 2명 이상 일괄하여 지급되는 경우】** 근로자 2명 이상을 1개조로 하여 임금을 일괄하여 지급하는 경우 개별 근로자에 대한 배분방법을 미리 정하지 않았다면 근로자의 경력, 생산실적, 실근로일수, 기술·기능, 책임, 배분에 관한 관행 등을 감안하여 근로자 1명당 임금액을 추정하여 그 금액으로 평균임금을 추산한다.
>
> **제4조 【임금총액의 일부가 명확하지 아니한 경우】** 평균임금의 산정기간 중에 지급된 임금의 일부를 확인할 수 없는 기간이 포함된 경우에는 그 기간을 빼고 남은 기간에 지급된 임금의 총액을 남은 기간의 총일수로 나눈 금액을 평균임금으로 본다.
>
> **제5조 【임금총액의 전부가 명확하지 아니한 경우 등】** 이 고시 제1조부터 제4조까지의 규정에 따라 평균임금을 산정할 수 없는 경우에는 지방고용노동관서장이 다음 각 호의 사항을 감안하여 적정하다고 결정한 금액을 해당 근로자의 평균임금으로 본다.
> 1. 해당 사업장이 있는 지역의 임금수준 및 물가사정에 관한 사항
> 2. 해당 근로자에 대한 「소득세법」 및 관련 법령에 따라 기재된 소득자별 근로소득원천징수부, 「국민연금법」·「국민건강보험법」·「고용보험법」에 따라 신고된 보수월액·소득월액·월평균임금 등에 관한 사항
> 3. 해당 사업장이 있는 지역의 업종과 규모가 동일하거나 유사한 사업장에서 해당 근로자와 동일한 직종에 종사한 근로자의 임금에 관한 사항
> 4. 해당 사업장의 근로제공기간 중에 받은 금품에 대하여 본인 또는 그 가족 등이 보유하고 있는 기록(이 경우 사업주가 인정하는 경우에만 한정한다) 등 증빙서류에 관한 사항
> 5. 고용노동부장관이 조사·발간하는 "고용형태별근로실태조사보고서" 및 "사업체노동력조사보고서" 등 고용노동통계에 관한 사항
>
> **제6조 【재검토기한】** 고용노동부장관은 이 고시에 대하여 2019년 1월 1일 기준으로 매 3년이 되는 시점(매 3년째의 12월 31일까지를 말한다)마다 그 타당성을 검토하여 개선 등의 조치를 하여야 한다.
> [고용노동부 고시 제2015-77호, 2015. 10. 14. 일부개정]

2. 산업재해보상보험법 특례

산업재해보상보험법에 의한 보험급여 산정과 관련하여 평균임금을 산정하는 방법은 원칙적으로 앞에서 살펴본 평균임금 산정방법과 같으나, 예외적으로 특례를 규정하고 있다.

가. 최고 보상과 최저 보상

보험급여(장의비는 제외한다)를 산정할 때 근로자의 평균임금이 전체 근로자 임금 평균액의 1.8배(이하 "최고 보상기준 금액"이라 한다)를 초과하거나, 2분의 1(이하 "최저 보상기준 금액"이라 한다)보다 적으면 그 최고 보상기준 금액이나 최저 보상기준 금액을 각각 그 근로자의 평균임금으로 한다(산업재해보상보험법 36조 7항 본문). 최고 보상기준 금액이나 최저 보상기준 금액의 산정방법 및 적용기간은 대통령령으로 정한다. 이 경우 산정된 최고 보상기준 금액 또는 최저 보상기준 금액은 매년 고용노동부장관이 고시한다(산업재해보상보험법 36조 8항).

휴업급여 및 상병보상연금을 산정할 때에는 최저 보상기준 금액을 적용하지 않는다(산업재해보상보험법 36조7항 단서). 즉 최고 보상기준 금액은 휴업급여·장해급여·유족급여·상병보상연금에 모두 적용되나, 최저 보상기준 금액은 장해급여·유족급여에만 적용된다.

1일당 휴업급여 지급액이 최저 보상기준 금액의 100분의 80보다 적거나 같으면 그 근로자에 대하여는 평균임금의 100분의 90에 상당하는 금액을 1일당 휴업급여 지급액으로 한다. 다만 근로자 평균임금의 100분의 90에 상당하는 금액이 최저 보상기준 금액의 100분의 80보다 많은 경우에는 최저 보상기준 금액의 100분의 80에 상당하는 금액을 1일당 휴업급여 지급액으로 정한다. 이와 같이 산정한 휴업급여 지급액이 최저임금법 5조1항에 따른 시간급 최저임금액에 8을 곱한 금액(이하 "최저임금액"이라 한다)보다 적으면 최저임금액을 근로자의 1일당 휴업급여 지급액으로 한다(산업재해보상보험법 54조).

상병보상연금을 산정할 때 근로자 평균임금이 최저임금액에 70분의 100을 곱한 금액보다 적을 때에는 최저임금액의 70분의 100에 해당하는 금액을 그 근로자 평균임금으로 본다. 이와 같이 산정한 상병보상연금액을 365로 나눈 1일당 상병보상연금 지급액이 1일당 휴업급여 지급액보다 적으면 1일당 휴업급여 지급액을 1일당 상병보상연금 지급액으로 한다(산업재해보상보험법 67조).

나. 일용근로자 특례

보험급여(진폐보상연금 및 진폐유족연금은 제외한다)를 산정할 때 해당 근로자의 근로형태가 특이하여 평균임금을 적용하는 것이 적당하지 아니하다고 인정되는 경우 대통령령으로 정하는 산정방법에 따라 산정한 금액을 평균임금으로 한다(산업재해보상보험법 36조5항).

"근로형태가 특이하여 평균임금을 적용하는 것이 적당하지 아니하다고 인정되는 경우로서 대통령령으로 정하는 경우"란 다음과 같다(산업재해보상보험법 시행령 23조).

〈산업재해보상보험법 시행령〉
제23조 【근로형태가 특이한 근로자의 범위】 1. 1일 단위로 고용되거나 근로일에 따라 일당[98] 형식의 임금을 지급받는 근로자(이하 "일용근로자"라 한다)에게 평균임금을 적용하는 경우. 다만 일용근로자가 다음 각 목의 어느 하나에 해당하는 경우에는 일용근로자로 보지 아니한다.

---

[98] 미리 정하여진 1일 동안의 근로시간에 대하여 근로하는 대가로 지급되는 임금을 말한다.

가. 근로관계가 3개월 이상 계속되는 경우
나. 그 근로자 및 같은 사업에서 같은 직종에 종사하는 다른 일용근로자의 근로조건, 근로계약의 형식, 구체적인 고용실태 등을 종합적으로 고려할 때 근로형태가 상용근로자와 비슷하다고 인정되는 경우
2. 둘 이상의 사업에서 근로하는 「근로기준법」 2조8호에 따른 단시간근로자(일용근로자는 제외하며, 이하 "단시간근로자"라 한다)에게 평균임금을 적용하는 경우

"대통령령으로 정하는 산정방법에 따라 산정한 금액"이란 다음과 같다(산업재해보상보험법 시행령 24조).

〈산업재해보상보험법 시행령 24조〉
1. 일용근로자에 해당하는 경우 : 해당 일용근로자의 일당에 일용근로자의 1개월간 실제 근로일수 등을 고려하여 고용노동부장관이 고시하는 근로계수(이하 "통상근로계수"라 한다)를 곱하여 산정한 금액
2. 단시간근로자에 해당하는 경우 : 평균임금 산정기간 동안 해당 단시간근로자가 재해가 발생한 사업에서 지급받은 임금과 같은 기간 동안 해당 사업 외의 사업에서 지급받은 임금을 모두 합산한 금액을 해당 기간의 총일수로 나눈 금액

※ 평균임금 산정사유 발생일 당시 해당 사업에서 1개월 이상 근로한 일용근로자는 상기 산정방법에 따라 산정한 금액을 평균임금으로 하는 것이 실제의 임금 또는 근로일수에 비추어 적절하지 아니한 경우에는 실제의 임금 또는 근로일수를 증명하는 서류를 첨부하여 공단에 상기 산정방법의 적용제외를 신청할 수 있다.

다. 진폐 등 대통령령으로 정하는 직업병에 걸린 근로자 특례

보험급여를 산정할 때 진폐 등 대통령령으로 정하는 직업병으로 보험급여를 받게 되는 근로자에게 그 평균임금을 적용하는 것이 근로자 보호에 적당하지 아니하다고 인정되면 대통령령으로 정하는 산정방법에 따라 산정한 금액을 그 근로자의 평균임금으로 한다(산업재해보상보험법 36조6항).

3. 판례

근로기준법이 정한 원칙에 따라 평균임금을 산정하였더라도, 근로자의 퇴직 직전 일정 기간 특수하고 우연한 사정으로 인하여 임금액 변동이 있었고, 그 때문에 위와 같이 산정된 평균임금이 근로자의 전체 근로기간·임금액이 변동된 일정 기간의 장단·임금액 변동의 정도 등을 비롯한 제반 사정을 종합적으로 평가해 볼 때 통상의 경우보다 현저하게 적거나 많게 산정된 것으로 인정되는 예외적인 경우라면, 이를 기초로 퇴직금을 산출하는 것은 근로자의 통상적인 생활임금을 기준으로 퇴직금을 산출하고자 하는 근로기준법의 정신에 비추어 허용되지 않는다. 근로자의 통상적인 생활임금을 사실대로 반영할 수 있는 합리적이고 타당한 다른 방법으로 그 평균임금을 따로 산정하여야 한다.

근로자의 평균임금이 위와 같이 통상의 경우보다 현저하게 적거나 많다고 볼 예외적인 정도까지 이르지 않은 경우에는 구 근로기준법 19조 등이 정한 원칙에 따라 평균임금을 산정하여야 한다. 다만 그 금액이 통상임금보다 저액일 경우에는 그 통상임금액을 평균임금으로 할 수 있을 뿐이다.[99]

판례는 근로자가 근로기준법 소정의 평균임금 산정기간에 의도적으로 현저하게 평균임금을 높이기 위한 행위를 한 경우 의도적으로 현저하게 평균임금을 높이기 위한 행위를 한 기간을 제외한 그 직전 3개월간의 임금을 기준으로 근로기준법에 따라 산정한 금액 상당이 평균임금에 해당한다는 입장이다.[100]

99) 대판 2009. 5. 28. 2006다17287
100) 대판 1998. 1. 20. 97다18936

3장
통상임금

3장
통상임금

1절 통상임금 정의 규정

　통상임금은 근로자에게 정기적·일률적으로 소정근로시간 또는 총근로시간에 대하여 지급하기로 정하여진 시간급 금액·일급 금액·주급 금액·월급 금액 또는 도급금액을 말한다(근로기준법 시행령 6조1항). 판례는 소정근로 또는 총근로의 대상으로 지급되는 임금으로서 정기적·일률적으로 지급하기로 정하여진 고정적인 임금으로 본다.[101]

　통상임금이란 시간외근로수당·야간근로수당·휴일근로수당·해고예고수당 등 법정수당을 계산하기 위해 산정단위로 활용되는 도구적 개념으로 사전적·평가적 성격을 가진다.

　통상임금에 해당하는지 여부는 임금의 명칭이나 지급주기의 장단 등 형식적인 기준이 아니라 임금 지급방법 등 객관적인 실질에 따라 판단한다.

 101) 대판 1996. 2. 9. 94다19501, 대판 1996. 5. 10. 95다2227, 대판 2007. 6. 15. 2006다13070

2절 대법원 전원합의체 판결에 따른 통상임금 판단기준

2013년 12월 18일 대법원의 전원합의체 판결은 정기상여금이 통상임금에 포함되는 것으로 보며, 통상임금 요건으로 정기성·일률성·고정성이 충족되어야 함을 확실히 하였고, 각각의 요건들에 대해서도 구체적이고 명확한 판단기준을 제시하였다. 기존 고용노동부 통상임금 산정지침과 비교해 통상임금 범위가 확대되는 계기가 되었다. 판단요건과 판단기준은 다음과 같다.

1. 통상임금의 개념과 특징

소정의 임금 중에서 근로자가 소정근로시간에 통상적으로 제공하는 근로의 가치를 평가한 것으로서 사전에 미리 확정할 수 있는 것이라면 그 명칭과 관계없이 모두 통상임금에 해당한다고 볼 수 있다. 즉 통상임금은 근로계약에서 정한 근로를 제공하면 확정적으로 지급되는 임금을 뜻한다.

통상임금이 근로자가 소정근로시간을 초과하는 근로를 제공할 때 가산임금 등을 산정하는 기준임금으로 기능한다는 점을 고려하면, 그것은 당연히 근로자가 소정근로시간에 통상적으로 제공하는 근로의 가치를 금전적으로 평가한 것이어야 하고, 근로자가 실제로 초과근로를 제공하기 전에 미리 확정되어 있어야 한다.

2. 통상임금의 요건

어떠한 임금이 통상임금에 속하는지 여부는 그 임금이 소정근로의 대가로 근로자에게 지급되는 금품으로서 정기적·일률적·고정적으로 지급되는 것인지를 기준으로 그 객관적인 성질에 따라 판단하여야 한다. 임금의 명칭이나 그 지급주기

의 장단 등 형식적 기준으로 정하지 않는다.[102]

연장·야간·휴일근로에 따른 초과근로수당 등의 산정기준이 되는 통상임금에 해당하기 위해서는 초과근로를 제공하는 시점에서 보았을 때 근로계약에서 정한 근로의 대가로 지급되는 임금이어야 하고(소정근로 대가성), 근로계약에서 정한 근로의 대가로 지급될 어떤 항목의 임금이 일정한 주기에 따라 정기적으로 지급되며(정기성), 모든 근로자나 소정근로와 관련한 일정한 조건 또는 기준에 해당하는 모든 근로자에게 일률적으로 지급되고(일률성), 그 지급 여부가 업적이나 성과 기타 추가적인 조건과 관계없이 사전에 이미 확정되어 있어야 한다(고정성).

(1) 정기성

어떤 임금이 통상임금에 속하기 위해 정기성을 갖추어야 한다는 것은 임금이 일정한 간격을 두고 계속적으로 지급되어야 함을 의미한다. 일정한 주기로 지급되는 임금의 경우 지급주기가 1개월을 넘는다는 사정만으로 통상임금에서 제외된다고 할 수는 없다.[103]

지급기준이 되는 기간 단위는 시간·일급·주급·월급은 물론이고, 기타 일정 기간급 또는 도급금액으로 정하는 경우라도 무방하다. 정기성은 지급시기가 특정될 것을 요구하는 것이 아니라 단지 일정한 임금 산정기간 동안 지급될 것을 요구하는 것이다.

통상임금의 정기성 요건은 임금 지급원칙인 정기불 원칙과 관계된다.

(2) 일률성

어떤 임금이 통상임금에 속하기 위해서는 그것이 일률적으로 지급되는 성질을 갖추어야 한다. '일률적'으로 지급되는 것에는 '모든 근로자'에게 지급되는 것뿐만 아니라 '일정한 조건 또는 기준에 달한 모든 근로자'에게 지급되는 것도 포함된다.

---

102) 대판 2013. 12. 18. 2012다89399
103) 대판 2013. 12. 18. 2012다89399 전원합의체 판결

여기서 '일정한 조건'이란 고정적이고 평균적인 임금을 산출하려는 통상임금의 개념에 비추어 볼 때 고정적인 조건이어야 한다. 일정 범위의 모든 근로자에게 지급된 임금이 일률성을 갖추고 있는지 판단하는 잣대인 '일정한 조건 또는 기준'은 통상임금이 소정근로의 가치를 평가한 개념이라는 점을 고려할 때 작업 내용이나 기술·경력 등과 같이 소정근로의 가치 평가와 관련한 조건이어야 한다.[104]

계속적·정기적·일률적으로 지급되어야 한다는 것 외에 실제 근무기간이나 근무성적에 따라 지급 여부나 지급액이 달라져서는 안 되고 고정적으로 지급되어야 한다는 점에서 임금의 판단기준과 통상임금의 판단기준에 차이가 있다.

일률성 요건은 해당 금품의 지급대상에 관한 것으로서, 지급대상 근로자가 특정 직무나 직책을 고정적으로 수행하는 경우여야 한다.

과거 판례는 '모든 근로자'에게 지급되는 것이 일률적으로 지급되는 것이라고 엄격히 판단하는 경향이 강했다. 예컨대 연료수당의 경우 출근일수에 따라 차등을 두어 지급하는 것은 실제 근로 여부나 근무실적에 따라 지급액이 변동되는 것이므로 정기적·일률적으로 근로의 질이나 양에 대한 대가로 지급된 임금이 아니라고 하여 통상임금에 해당하지 않는다고 하였다.[105] 근속수당의 경우에도 만 1년 이상 근무한 근로자에게 근속연수에 따라 지급되는 것은 근무연수에 구애 없이 정기적·일률적으로 근로자에게 지급되는 고정급 임금이라고 할 수 없으므로 통상임금의 범위에 포함시킬 수 없다고 하였다.[106] 그러나 최근에는 '모든 근로자'에게 지급되는 것뿐만 아니라 '일정한 조건 또는 기준에 달한 모든 근로자'에게 지급되는 것도 포함된다고 본다.

(3) 고정성

통상임금은 각종 법정수당을 산출하는 기준임금으로 기능하기 때문에 사전에

---

104) 대판 2013. 12. 18. 2012다89399
105) 대판 1990. 11. 9. 90다카6948
106) 대판 1992. 5. 22. 92다7306

미리 확정되어야 한다.[107] 고정성은 통상임금의 사전확정성과 적정반영 필요성이라는 요청에 부합하는 방향으로 해석되어야 한다. 이러한 고정성의 의미는 일률성에서 요구하는 '고정적인 조건'과 구별된다. 그러나 통상임금의 고정성은 정기성·일률성과 달리 법 규정에는 명문화되어 있지 않고, 법원이 해석을 통하여 인정해 오고 있다.

'고정성'이라 함은 '근로자가 제공한 근로에 대하여 업적·성과 기타의 추가적인 조건과 관계없이 당연히 지급될 것이 확정되어 있는 성질'을 말하고, '고정적인 임금'은 '임금의 명칭 여하를 불문하고 임의의 날로 소정 근로시간을 근무한 근로자가 그 다음 날 퇴직한다 하더라도 그 하루의 근로에 대한 대가로 당연하고도 확정적으로 지급받게 되는 최소한의 임금'으로 정의할 수 있다. 고정성을 갖춘 임금은 근로자가 임의의 날에 소정근로를 제공하면 추가적인 조건의 충족 여부와 관계없이 당연히 지급될 것이 예정된 임금이므로, 지급 여부나 지급액이 사전에 확정된 것이라 할 수 있다. 이와 달리 근로자가 소정근로를 제공하더라도 추가적인 조건을 충족하여야 지급되는 임금이나 조건 충족 여부에 따라 지급액이 변동되는 임금 부분은 고정성을 갖춘 것이라고 할 수 없다.[108]

---

107) 대판 2013. 12. 18. 2012다89399
108) 대판 2013. 12. 18. 2012다89399

3절 통상임금에 해당하는지 판단하는 구체적 기준

기업 현장에서는 임금의 지급기준이 매우 다양할 뿐만 아니라 임금 지급실태도 복잡하다. 어떠한 유형의 임금이 통상임금 범위에 포함될 수 있는지는 그 지급조건에 따라 달라진다. 대법원 전원합의체 판결[109]은 통상임금의 요건에 관한 판단기준과 더불어 통상임금 해당 여부에 관한 적용기준을 임금유형별로 제시하고 있다.

1. 근속기간에 연동하는 임금

○ 지급조건

근속기간에 따른 임금 지급조건으로는 어떠한 임금이 일정한 근속기간 이상을 재직할 것을 지급조건으로 하거나, 또는 일정한 근속기간을 기준으로 하여 임금 계산방법을 달리하거나 근속기간별로 지급액을 달리하는 경우 등으로 구분할 수 있다.

○ 적용기준

임금 지급조건으로서 근속기간은 근로자 숙련도와 밀접한 관계가 있고 소정근로의 가치 평가와 관련이 있는 '일정한 조건 또는 기준'으로 볼 수 있다. 일정한 근속기간 이상을 재직한 모든 근로자에게 그에 대응하는 임금을 지급한다면 일률성 요건을 갖추고 있다고 할 수 있다. 근속기간은 근로자가 임의의 날에 연장·야간·휴일 등의 초과근로를 제공하는 시점에서 성취 여부가 불확실한 조건이 아니라 그 근속기간이 얼마인지가 이미 확정되어 있는 기왕의 사실이다. 일정한 근속기간에

---

[109] 대판 2013. 12. 18. 2012다89399

이른 모든 근로자는 임의의 날에 근로를 제공하면 다른 추가적인 조건의 성취 여부와 관계없이 근속기간에 연동하는 임금을 확정적으로 지급받게 된다는 점에서 고정성을 갖추고 있다고 할 수 있다.

2. 근무일수에 연동하는 임금

○ 지급조건

근무일수에 따른 임금 지급조건으로는 매 근무일마다 일정액을 지급하는 경우, 일정 근무일수를 채워야만 지급하는 경우, 일정 근무일수에 따라 계산방법이나 지급액이 달라지는 경우 등으로 구분할 수 있다.

예컨대 식대보조비·교통보조비·만근수당·개근수당·정근수당·출근수당·승무수당·운행수당·입갱수당 등이 이에 해당한다.

○ 적용기준

매 근무일마다 일정액의 임금을 지급하기로 한 경우 단순히 근무일수에 따라 일할계산하여 임금을 지급함으로써 실제 근무일수에 따라 그 지급액이 달라지기는 하지만, 근로자가 임의의 날에 소정근로를 제공하기만 하면 그에 대하여 일정액을 지급받을 것이 확정되어 있으므로 고정성을 갖춘 임금에 해당된다고 본다. 근무일수에 따라 일할계산한 임금액이 월간 근무일수에 따라 차이가 있다고 하더라도 고정성이 결여된 것으로 보지는 않는다.

대법원은 그동안 월간 근무일수에 따른 합산액 차이에 근거하여 지급 여부 및 지급액이 실제 근무성적에 의하여 달라진다는 이유로 비고정적인 임금으로 보아 통상임금에 해당하지 않는다고 판단하여 왔으나 대법원 전원합의체 판결[110]에 따라 입장을 변경하였다.

---

[110] 대판 2013. 12. 18. 2012다89399

일정 근무일수를 채워야만 임금을 지급하는 경우 소정근로를 제공하는 일 외에 일정 근무일수 충족이라는 추가적인 조건을 성취하여야 비로소 지급되는 것이고, 이러한 조건의 성취 여부는 임의의 날에 연장·야간·휴일 등 초과근로를 제공하는 시점에서 확정할 수 없는 불확실한 조건이므로 고정성을 갖춘 것으로 볼 수 없다.

일정 근무일수에 따라 계산방법 또는 지급액이 달라지는 임금은 소정근로를 제공하면 적어도 일정액 이상의 임금이 지급될 것이 확정되어 있다면 그와 같이 최소 한도로 확정되어 있는 범위에서 고정성을 인정할 수 있다.

3. 특정 시점에 재직 중인 근로자에게만 지급하는 임금

○ 지급조건

특정 시점에 재직 중인 근로자에게만 임금을 지급하는 경우로는 그 지급조건에 따라 임금지급일 또는 특정 시점 기준으로 재직자에게만 지급하는 경우와 재직자뿐만 아니라 퇴직자에게도 지급하는 경우 등으로 구분할 수 있다.

퇴직자에게도 지급하는 경우라 함은 통상적으로 근무한 일수만큼을 일할 또는 월할계산하여 지급하는 것을 의미한다. 예를 들면 정기상여금이나 설·추석 상여금, 하기휴가비, 성과수당, 체력단련비, 명절 떡값 등이 이에 해당한다.

○ 적용기준

특정 시점에 재직 중인 근로자에게만 지급하는 경우 근로자가 소정근로를 했는지 여부와 관계없이 그 지급일 또는 특정 시점에 재직 중이기만 하면 임금을 받을 수 있다. 이러한 임금은 임금지급일 또는 특정 시점에 재직하는 근로자에게 기왕의 근로제공 내용을 묻지 않고 지급한다. 이와 같은 조건으로 지급되는 임금은 소정근로의 대가로 보기 어려울 뿐만 아니라 근로자가 임의의 날에 근로를 제공하더라도 그 임금지급일 또는 특정 시점이 도래하기 전에 퇴직하면 해당 임금을 전혀 받지 못하게 되므로 근로자가 임의의 날에 연장·야간·휴일 근로를 제공하는 시점에서 그 지급조건이 성취될지 여부를 알 수 없어 고정성 요건도 갖추지 못한 것으로 볼 수 있다.

반면 근로자가 임금지급일 또는 특정 시점 이전에 퇴직하더라도 그 근무일수에 비례한 만큼의 임금을 지급하는 경우 이는 근로자가 임의의 날에 소정근로를 제공하기만 하면 하루 근로에 대한 대가를 지급받을 것이 확정되어 있으므로, 근무일수에 비례하여 일할계산되는 경우에는 고정성이 부정되지 않는다.

특히 정기상여금과 설·추석 상여금 등을 근로자 퇴직 시 근무일수에 따라 일할계산하여 지급하는 경우에는 소정근로 대가성과 고정성이 모두 인정되어 통상임금에 속한다.

4. 특수한 기술·경력 등을 조건으로 하는 임금

○ 지급조건

특수한 기술 보유나 특정한 경력 구비 등이 지급조건으로 부가되는 임금은 특정 자격 소지에 따른 자격수당, 특정 면허 소지에 따른 면허수당, 특수 기술 보유에 따른 기술수당, 특별 기능 보유에 따른 기능수당, 특정 경력 구비에 따른 특수작업수당이나 위험수당 등이 있다.

○ 적용기준

특수한 기술의 보유나 특정한 경력의 구비 등이 임금지급 조건으로 부가되어 있는 경우 그 임금이 특수한 기술 보유 또는 특정한 경력이 구비된 모든 근로자에게 일률적으로 지급된다면 이는 '근로와 관련한 일정한 조건 또는 기준에 달한 모든 근로자'라는 일률성 요건을 갖춘 경우에 해당한다. 근로자가 임의의 날에 연장·야간·휴일 등의 초과근로를 제공하는 시점에서 특수한 기술 보유나 특정한 경력 구비의 성취 여부는 불확실한 조건이 아니라 사전에 확정된 조건이므로 고정성의 요건을 충족한 임금으로 본다.

5. 근무실적에 연동하는 임금

○ 지급조건

근무실적을 평가하여 이를 토대로 지급 여부나 지급액이 정해지는 임금은 당해 연도 근무실적을 평가하여 이를 토대로 그 지급 여부 및 지급액을 정하는 경우, 당해 연도 근무실적을 평가하여 이를 토대로 그 지급 여부 및 지급액을 정하되 최소 한도가 보장되는 경우, 전년도 근무실적에 따라 당해 연도 임금의 지급 여부나 지급액을 정하는 경우 등으로 구분할 수 있다.

○ 적용기준

당해 연도 근무실적을 평가하여 이를 토대로 지급 여부나 지급액이 정해지는 임금은 고정성이 부정되는 것이 일반적이다. 근로자가 초과근로를 제공하는 시점에서 근무실적 평가가 이루어지지 않았고, 그에 따른 임금의 지급 여부나 지급액이 확정되어 있지 않기 때문에 그 성취 여부가 불확실한 조건에 해당한다. 고정성이 결여되어 있으므로 통상임금 해당성이 부정된다.

하지만 당해 연도 근무실적을 평가하여 지급 여부 및 지급액을 정하되 최소 한도 지급이 보장되는 임금의 경우 그 최소 한도 임금은 고정적인 임금으로 볼 수 있다.

또한 근로자의 전년도 근무실적에 따라 임금의 지급 여부나 지급액을 정하는 경우 당해 연도에는 그 임금의 지급 여부나 지급액이 확정되어 있으므로 당해 연도에 있어 그 임금은 고정적인 임금에 해당되어 통상임금에 속한다.

4절 대법원 전원합의체 판결에 의한 통상임금 산입범위

대법원 전원합의체 판결(2013. 12. 18. 2012다89399)을 통하여 쟁점이 된 각종 임금의 통상임금 해당 여부를 정리하면 다음과 같다.

임금 유형	임금의 특징	통상임금 해당 여부
① 정기상여금	- 2개월 주기로 짝수달에 100% 지급 - 퇴직자에게도 근무일수에 따라 일할계산하여 지급	○ 통상임금 해당 - 고정성 인정
② 김장보너스	- 지급 직전 노사협의로 정하여 지급 - 재직자에게만 지급	○ 통상임금 미해당 - 고정성 부정
③ 설·추석상여금	- 설과 추석에 각 50%씩 지급 - 재직자에게만 지급	○ 통상임금 미해당 - 소정근로 대가성과 고정성 부정
④ 하기휴가비, 선물비, 생일자지원금, 개인연금지원금, 단체보험료	- 재직자에게만 지급	○ 통상임금 미해당 - 소정근로 대가성과 고정성 부정
⑤ 가족수당	- 모든 근로자에게 기본금액을 가족수당 명목으로 지급	○ 통상임금 해당 - 일률성과 고정성 인정
⑤ 가족수당	- 실제 부양가족이 있는 자에게 일정액을 추가 지급	○ 통상임금 미해당 - 소정근로 대가성 부정 (근로가치와 무관한 조건)
⑥ 근속수당	- 근속기간에 따라 지급 여부나 지급액이 달라지는 임금	○ 통상임금 해당 - 일률성과 고정성 인정
⑦ 근무일수에 따라 달라지는 임금	- 매 근무일마다 일정액을 지급하기로 한 임금(일할계산)	○ 통상임금 해당 - 고정성 인정
⑦ 근무일수에 따라 달라지는 임금	- 일정한 근무일수를 채워야 지급하는 임금	○ 통상임금 미해당 - 일정 일수를 채워야 한다는 추가적인 조건이 필요하여 고정성 부정
⑦ 근무일수에 따라 달라지는 임금	- 일정 일수 이상이면 전액 지급하고, 일정 일수 미만이면 일할계산하여 지급	○ 통상임금 해당 - 최소 한도분은 고정성 인정
⑧ 기술·자격·면허 수당	- 특수한 기술 보유나 특정한 경력 구비가 임금 지급조건인 경우	○ 통상임금 해당 - 일률성과 고정성 인정

⑨ 성과급	– 근무실적을 평가하여 지급 여부나 지급액이 결정되는 성과급	○ 통상임금 미해당 – 사전에 확정되지 않은 사실을 조건으로 하므로 고정성 부정
	– 최소 한도가 보장되는 성과급	○ 통상임금 해당 – 이미 확정되어 있어 고정성 인정
		○ 통상임금 미해당 – 전년도에 지급해야 할 것을 그 지급시기만 늦춘 것에 불과하다면 고정성 부정
	– 전년도 근무실적으로 당해 연도에 지급되는 성과급	○ 통상임금 해당 – 이미 확정되어 있어 고정성 인정
		○ 통상임금 미해당 – 전년도에 지급해야 할 것을 그 지급시기만 늦춘 것에 불과하다면 고정성 부정
⑩ 특정 시점 재직 시에만 지급되는 임금	– 특정 시점에 재직 중인 근로자에게만 지급하기로 정해져 있는 임금	○ 통상임금 미해당 – 소정근로 대가성과 고정성 부정
	– 특정 시점 전에 퇴직하더라도 근무일수에 비례한 만큼 임금 지급	○ 통상임금 해당 – 근무일수에 비례하여 지급되는 한도에서는 고정성 인정

결국 각종 임금항목들이 통상임금에 속하는지 여부를 검토하기 위해서는 근로기준법상 소정의 임금에 해당하여야 하며, 소정의 임금에 해당한다면 수당의 명칭이나 유형과 관계없이 임금의 지급형태나 지급방법, 성격에 따라 전원합의체 판결에 제시된 정기성·일률성·고정성을 충족하고 있는지 여부를 중심으로 판단하여야 한다.

5절 각종 수당의 통상임금 해당 여부

1. 은혜적·호의적·복리후생적으로 지급하는 금품

가. 식사비·식권·식사 제공

○ 통상임금이라고 본 사례

소정의 임금에 해당되는 급식비 등의 경우 전 근로자에게 정기적·일률적으로 고정급 임금을 지급하거나 근무일수에 따라 일정액을 지급하는 경우라면, 소정근로를 제공한 대가로 1임금산정기간마다 지급되는 것이므로 통상임금에 포함된다.

관/련/판/례

급식비는 매월 일정액을 전 직원에게 지급하여 온 것으로서 소정근로 또는 총근로에 대하여 지급하기로 한 금품이고 또한 정기적·일률적으로 지급되는 고정적인 임금이라 할 것이므로 통상임금에 속한다.

〈대법원 2000. 12. 22. 선고 99다10806 판결〉

출근한 근로자에게 식사를 현물로 제공하면서 회사가 제공한 식사를 하지 않은 근로자에게도 식사비에 상당하는 현금이나 쿠폰 등을 지급하는 경우 순수한 복리후생적 급부로 볼 수 없고 근로의 대가인 임금에 해당하며, 정기성·일률성·고정성을 갖추었으므로 통상임금에 해당한다.

관/련/판/례

회사가 전 근로자에게 출근일에 한하여 일정 금액 상당의 식사를 현물로 제공하되, 식사를 제공받지 아니하는 근로자에게는 위 금원에 상당하는 구판장 이용 구매권(쿠폰)을 지급하여 왔으므로 위 식대보조비는 일급 금액으로 정해진 것으로서 그 지급조건 및 내용 등에 비추어 근로의 대가로 정기적·일률적으로 지급된 임금이라고 봄이 상당하므로 통상임금에 포함된다.

〈대법원 1993. 5. 11. 선고 93다4816 판결〉

○ 통상임금이 아니라고 본 사례

급식비 등을 일시적으로 지급하거나 일부 근로자들에게만 지급하는 경우에는 일률성과 고정성이 부정되어 통상임금에 포함된다고 볼 수 없다. 또한 급식비 등을 지급하는 데 있어 그 지급조건으로 일정 근무일수를 채워야만 지급하는 경우에도 고정성이 부정되어 통상임금에 포함되지 않는다.

실제 근무를 한 근로자들에 한해 현물로 제공하는 식사는 복리후생적 급부로 근로의 대가인 임금에 해당하지 않는 것으로 본다.

관/련/판/례

단체협약에서 회사가 근로자들에게 식사를 제공하는 것은 순수 복리후생적인 것이라고 명시하고 있을 뿐만 아니라, 회사가 근로자들에게 제공한 식권은 2일간 유효하고 식사를 하지 아니한 경우 다른 물품이나 현금으로 대체하여 청구할 수 없다는 것인데, 그렇다면 회사가 실제 근무를 한 근로자들에 한하여 현물로 제공한 식사는 근로자 복리후생을 위하여 제공된 것으로서 근로의 대가인 임금이라고 보기 어렵다.

〈대법원 2002. 7. 23. 선고 2000다29370 판결〉

식사를 하지 않는 근로자에게 식사비에 상당하는 별도 금품이 제공되지 않는 경우 현물로 식사를 제공하는 것이 원칙이지만 회사 여건 상 식사를 제공하는 것이 불가능한 일부 근로자에게만 지급하는 식대는 복리후생적 급부로 근로의 대가

인 임금에 해당하지 않는다고 본다.[111]

나. 학비보조금·자녀교육수당

재학 중인 자녀가 있는 근로자에 한해 지급하는 학비보조금이나 자녀교육수당은 소정근로의 가치평가와 관련 없이 근로자의 개인적인 사정에 따라 지급된 것이므로 일률적으로 지급된 것으로 볼 수 없다는 것이 판례의 태도다.

관/련/판/례

병원의 보수규정에 의하여 상근직원 중 부양가족이 있는 자에 대하여 지급하는 가족수당이나 병원의 복리후생관리 내규에 의하여 중·고등학교에 입학 또는 재학 중인 직원의 자녀에 대하여 지급하는 학비보조금을 통상임금 범위에서 제외한 조치는 정당하고, 거기에 통상임금 범위에 관한 법리를 오해한 위법이 없다.
〈대법원 1991. 6. 28. 선고 90다카14758 판결〉

다. 가족수당

○ 통상임금이라고 본 사례

미혼자 등 가족이 없는 근로자에게도 지급하는 가족수당은 기본급에 준하는 수당으로서 고정적·평균적으로 매월 일률적으로 지급되는 임금이기 때문에 통상임금의 범위에 속한다.

---

111) 대판 2003. 10. 9. 2003다30777

관/련/판/례

가족수당을 지급하면서 미혼자 등 가족이 없는 경우에도 일률적으로 부양가족이 있는 근로자가 지급받는 가족수당의 절반을 지급한 경우 지급받은 가족수당의 절반은 근로의 질이나 양에 대하여 지급되는 기본급에 준하는 수당으로서 고정적·평균적으로 매월 일률적으로 지급되는 임금이라 할 것이므로 통상임금의 범위에 속한다.
〈대법원 1992. 7. 14. 선고 91다5501 판결〉

○ 통상임금이 아니라고 본 사례

부양가족이 있는 근로자에게만 지급하거나 부양가족 수에 따라 지급하는 가족수당은 학자보조금과 마찬가지로 소정근로의 가치평가와 관련 없이 근로자의 개인적인 사정에 따라 지급된 것이므로 일률적으로 지급된 것으로 볼 수 없다.

관/련/판/례

회사의 기능직 임금규칙 및 일반직 임금규칙에 따라 부양가족이 있는 경우에는 4인을 초과하지 않는 범위 내에서 부양가족 1인당 금 10,000원씩의 가족수당을 지급하는 가족수당은 부양가족이 있는 근로자에게만 지급되었던 것이고 통상임금 산정 시 포함될 수 없다.
〈대법원 2003. 4. 22. 선고 2003다10650 판결〉

라. 개인연금 회사지원금(보조금)

○ 통상임금이라고 본 사례

사용자가 단체협약에 의하여 전 근로자를 피보험자로 하여 개인연금보험에 가입한 후 매월 그 보험료 전부를 대납하였고 근로소득세까지 원천징수하였다면, 이는 근로의 대상인 임금의 성질을 가진다고 할 것이고, 정기적·일률적·고정적 급부라는 통상임금의 개념적 징표까지 모두 갖추고 있는 이상 위 연금보험료는

통상임금에 포함된다.[112]

○ 통상임금이 아니라고 본 사례

근로자가 소정근로를 했는지 여부와 관계없이 지급일 기타 특정 시점에 재직 중인 근로자에게만 지급하기로 정해져 있는 개인연금지원금과 단체보험료의 경우 소정근로의 대가로서의 성질을 갖지 못할 뿐만 아니라 고정적 임금으로 볼 수 없어 통상임금에 해당한다고 보지 않는다.[113]

마. 설·추석 선물과 하기휴가비·선물비·생일자지원금

판례는 금품의 명칭에 관계없이 단체협약·취업규칙·관행 등으로 지급일 당시 재직 중인 근로자에게만 지급하는 경우 설·추석 상여금, 선물비, 생일자지원금, 하기휴가비 등은 통상임금에 해당하지 않는 것으로 본다.

지급일에 재직 중일 것이 해당 임금을 받을 수 있는 자격요건으로 부가되어 기왕의 근로를 제공했던 사람이라도 지급일에 재직하지 않는 사람에게는 지급하지 않는 반면, 지급일에 재직하는 사람에게는 기왕의 근로제공 내용을 묻지 아니하고 이를 모두 지급하기로 하는 명시적 또는 묵시적 노사합의가 이루어졌거나 또는 그러한 관행이 확립되어 있으면, 그와 같은 임금은 소정근로의 대가로 지급되는 것으로 볼 수 없을 뿐만 아니라 고정성도 갖추지 못하였으므로 통상임금에 해당하지 않는다.[114]

바. 김장보너스

매년 지급 직전에 노사협의로 액수를 정하여 지급하고 있는 김장보너스는 사전

---

112) 대판 2005. 9. 9. 2004다41217
113) 대판 2013. 12. 18. 2012다94643 전원합의체 판결
114) 대판 2013. 12. 18. 2012다89399

에 지급액이 확정되어 있다고 볼 수 없어 고정성이 안정되지 않아 통상임금에 해당하지 않는다.[115]

사. 월동보조비

매년 특정 시기에 일정액을 전 근로자에게 월동보조비로 지급하는 경우 이는 소정근로에 대하여 지급하기로 한 금품으로서 정기적·일률적으로 지급되는 고정적인 임금이라 할 것이므로 통상임금에 포함된다.[116]

2. 실비변상적으로 지급하는 금품

가. 차량유지비와 자가운전보조비

차량유지비가 차량 보유를 조건으로 지급되었거나 직원들 개인 소유 차량을 업무용으로 사용하는 데 필요한 비용을 보조하기 위해 지급된 것이라면 이는 실비변상적인 것으로 보아야 하므로 근로의 대가인 임금으로 볼 수 없다는 것이 판례의 태도다.[117]

또한 일정 직급 이상 직원 중 자기 차량을 보유하여 운전한 자에 한하여 지급되고 있다면 이는 단순히 직급에 따라 일률적으로 지급된 것이 아니고 그 지급 여부가 근로제공과 직접적으로 또는 밀접하게 관련됨이 없이 오로지 일정 직급 이상의 직원이 자기 차량을 보유하여 운전하고 있는지 여부라는 개별 근로자의 특수하고 우연한 사정에 따라 좌우되는 것이므로, 자가운전보조비 중 회사가 직원들에게 자기 차량 보유와 관계없이 교통비 명목으로 일률적으로 지급하는 금원을 초과하는 부분은 비록 그것이 실제 비용의 지출 여부를 묻지 아니하고 계속적·정기적으

---

115) 대판 2013. 12. 18. 2012다94643 전원합의체 판결
116) 내판 1996. 2. 9. 94다19501
117) 대판 2002. 5. 31. 2000다18127

로 지급된 것이라 하더라도 근로의 대상으로 지급된 것으로 볼 수 없다.[118]

나. 출퇴근교통비

판례는 교통비 등의 명칭으로 모든 근로자에게 매월 일정액을 지급하는 경우 정기적·일률적으로 지급되는 고정적인 임금인 만큼 통상임금에 해당하는 것으로 본다.[119]

예컨대 교통비를 출근일수에 따라 일정액을 지급하는 경우에도 통상임금에 해당하는 것으로 보면서, 승무운전자에 한해 1일 1,000원 내지 1,200원을 지급한다고 임금협정서에 기재되어 있으므로 여비·출장비 등과 같은 실비변상적인 성격의 금원이 아니라 근로기준법에서 말하는 근로의 대상인 임금의 성질을 갖는 금원일 뿐만 아니라 월급제가 아닌 일급제로 지급되는 임금항목에 해당하므로 비록 월 단위를 기분으로 삼아 근로자마다 출근일수가 달라 월 합산액에 차이가 있더라도 이를 두고 실제 근무실적에 비례하여 지급액이 변동된다고 할 수 없어 통상임금 성질을 갖는다고 판시하였다.[120]

다. 일·숙직수당

일·숙직수당은 일반적으로 전 근로자에게 일률적·고정적으로 지급하는 것이 아니라 근로자마다 개별적으로 일직 또는 숙직 근무한 날에 대하여 당일의 식비 등으로 지급하는 실비변상적인 성질을 띤 금품으로 보아야 하므로 근로기준법상 소정의 임금에 해당하지 않는다.[121]

---

118) 대판 1995. 5. 12. 94다55934
119) 대판 1996. 5. 10. 95다2227
120) 대판 2003. 6. 13. 2002다74282
121) 대판 1990. 11. 27. 90다카10312

3. 상여금 · 성과급 · 연봉

가. 정기상여금

○ 통상임금이라고 본 사례

대법원은 정기상여금의 경우 취업규칙 등에 지급조건 · 지급금액 · 지급시기가 정해져 있거나 전 근로자에게 관례적으로 지급하는 경우라면 비록 1임금지급주기마다 지급되지 않고 2개월, 3개월, 6개월 또는 1년마다 지급되더라도 정기적으로 지급되면 정기성 요건을 갖춘 것으로 보았다.

또한 단체협약에 '상여금 지급은 매 분기 말까지 재직한 자로 하고'라고 규정하면서도 곧이어 '퇴직자에 대해서는 월별로 계산해 지급한다'고 추가로 규정함으로써 상여금 지급대상에서 중도퇴직자를 제외한 것으로 볼 수 없으며, 상여금 지급대상에 관한 위 규정의 의미가 기본급 등과 마찬가지로 비록 근로자가 상여금 지급대상 기간 중에 퇴직하더라도 퇴직 이후 기간에 대하여는 상여금을 지급할 수 없지만 재직기간에 비례하여 상여금을 지급하겠다는 것이라면, 이 사건 상여금은 그 지급 여부 및 지급액이 근로자의 실제 근무성적 등에 따라 좌우되는 것이라 할 수 없고, 오히려 그 금액이 확정된 것이어서 정기적 · 일률적으로 지급되는 고정적인 임금인 통상임금으로 볼 여지가 있다고 판시하였다.[122]

○ 통상임금이 아니라고 본 사례

정기상여금을 지급할 때 그 지급조건의 하나로서 지급일 또는 특정 시점에 재직 중인 근로자에게만 지급하기로 했다면 그 지급일 또는 특정 시점에 재직 중일 것이 자격요건이 되기 때문에 소정 근로를 제공했던 근로자라도 지급일 또는 특정 시점에 재직하지 않고 있으면 지급하지 아니하는 반면에 그 지급일 또는 특정

---

122) 대판 2012. 3. 29. 2010다91046

시점에 재직하는 근로자에게는 소정근로의 제공 여부를 묻지 않고 지급하는 것이 되어 소정근로의 대가로 볼 수 없다. 근로자가 임의의 날에 초과근로를 제공하는 시점에서 그 지급조건인 재직 중일 것의 여부가 결정되지 않으므로 고정성 또한 부정되어 통상임금에 해당하지 않는다.[123]

나. 특별상여금·경영성과배분금·격려금·생산장려금·포상금·인센티브

특별상여금·경영성과배분금 등은 지급사유 발생이 불확정적이고 일시적으로 지급되거나 지급조건이 경영성과나 노사관계 안정과 같이 근로자 개인 업무실적 또는 근로 제공과 직접적인 관련이 없는 요소에 의하여 결정하도록 되어 있고 그 지급 여부 및 대상자 등이 유동적인 경우가 일반적이기 때문에 근로기준법상 소정의 임금에 해당하지 않는다고 보아 통상임금에 포함되지 않는다고 보는 것이 판례의 태도다.[124]

근로자의 근무실적을 평가하여 이를 토대로 지급 여부나 지급액이 정해지는 성과급은 근로자가 초과근로를 제공하는 시점에서는 근무실적 평가와 그에 따른 성과급 지급 여부 및 지급액이 확정되어 있지 않으므로 고정성이 인정되지 않아 통상임금에 속하지 않는다.

또한 매월 13일 이상을 승무한 근로자에게만 지급하는 상여금은 지급 여부가 근로자들의 실제 근무성적에 따라 좌우되어 고정성이 부정되므로 통상임금에 해당하지 않는다.[125]

---

123) 대판 2013. 12. 18. 2012다89399
124) 대판 2013. 4. 11. 2012다48077
125) 서울고판 2012. 12. 21. 2012다38980

4. 근무일수에 따라 지급되는 승무수당·운항수당·항해수당

○ 통상임금이라고 본 사례

근무일수와 연동되는 임금 지급조건에 따라 단순히 매 근무일수마다 일할계산하여 지급하는 임금은 실제 근무일수에 따라 지급액이 매월 달라지지만, 근로자가 임의의 날에 소정근로를 제공하기만 하면 그 하루에 대해 근로의 대가를 지급받을 것이 확정되어 있기 때문에 고정성을 갖춘 경우에 해당하므로 통상임금에 포함된다. 일정 근무일수에 따라 계산방법 또는 지급액이 달라지는 임금도 소정근로를 제공하면 적어도 일정액 이상의 임금이 지급될 것이 확정되어 있는 최소 한도의 범위에서는 고정성을 인정할 수 있어 통상임금에 속한다.

근속수당 지급조건에 일정 근무일수를 기준으로 그 미만은 일할계산하여 지급하고 그 이상은 전액 지급하기로 정해진 경우 그 일할계산하여 지급되는 최소 한도의 임금은 고정적인 임금으로 본다.[126]

○ 통상임금이 아니라고 본 사례

일정 근무일수를 채워야만 지급하는 수당은 소정근로를 제공하는 것 외에 일정 근무일수 충족이라는 추가적인 조건을 성취해야만 비로소 지급되는 것이기 때문에 임의의 날에 연장·야간·휴일 등의 초과근로를 제공하는 시점에서 그 성취 여부를 확정할 수 없는 불확실한 조건이므로 고정성이 인정되지 않아 통상임금에 포함되지 않는다. 대법원은 매월 7일 이상 승무한 승무직 종업원에 한해 1년 근무를 기준으로 매월 지급한 근속수당은 일정 범위 내의 근무일수, 근무성적 및 운행실적이 있어야만 지급되는 수당으로서 실제 근로 여부 또는 근무실적에 따라 지급액이 변동되는 임금인 만큼 통상임금 범위에 포함되지 않는다고 판시하였다.[127]

---

[126] 대판 2013. 12. 18. 2012다89399
[127] 대판 1992. 2. 14. 91다17955

5. 근속기간에 따라 지급되는 근속수당·근속가산금·장기근속수당

○ 통상임금이라고 본 사례

근속수당과 연동되는 임금 지급조건에 따라 일정한 근속기간 이상을 재직하면 지급하기로 하는 임금 또는 일정한 근속기간에 따라 임금 계산방법을 달리하거나 근속기간별로 지급액을 달리하는 임금은 일정한 근속기간 이상을 재직한 모든 근로자에게 지급되기 때문에 일률성 요건이 충족된다. 또한 근속기간은 근로자 숙련도와 밀접한 관계가 있어 소정근로의 가치평가와 관련이 있는 일정한 조건으로 볼 수 있다. 근로자가 임의의 날에 초과근로를 제공하는 시점에서 그 성취 여부가 불확실한 조건이 아니라 근속기간이 얼마인지가 이미 확정되어 있기 때문에 고정성 요건이 충족되어 통상임금에 포함된다.

구체적으로 사용자가 매년 7월 1일 기준으로 1년 이상 근속한 근로자에게 매 1년 단위로 일정한 금액을 가산하여 지급한 근속수당은 은혜적인 배려가 아니라 일정한 근속연수에 이른 근로자에게 실제 근무성적과 상관없이 매월 일정하게 지급된 것으로서 정기적·일률적으로 지급되는 고정적인 임금이므로 통상임금에 포함된다고 본다.[128]

○ 통상임금이 아니라고 본 사례

근속수당이 근로자들의 실제 근무일수에 따라 지급액이 달라진다고 한다면, 결국 실제 근무성적에 근속수당이 좌우되는 것과 같기 때문에 이를 고정적인 임금이라고 할 수 없고, 이 경우 근속수당은 통상임금에 포함되지 않는다.[129] 대법원은 유급 출근일수가 15일 이상인 근로자에게 근속수당 전액을 지급하지만 15일 미만인 근로자에게는 일할로 계산된 근속수당을 지급하는 경우 통상임금 범위에

---

128) 대판 2002. 7. 23. 2000다29370
129) 서울북부지법 2005. 12. 6. 2005가단28263

포함시킬 수 없다고 판시하였다.[130]

5년 이상 근속한 근로자에게만 근속기간에 따라 소정 금액을 지급하는 것으로 정한 장기근속수당과 관련해 근로의 결과와는 무관하게 장기근속자를 우대하기 위한 은혜적 성격의 수당에 불과하여 통상임금에 포함되지 않는다고 본 판례도 있다.[131]

6. 특수한 기술 보유나 특정한 경력 구비가 임금지급 조건인 기술·자격·면허수당

자격·면허증을 소지하고 관련 직무에 종사하는 것이 임금지급 조건인 기술·자격·면허수당은 1임금지급기마다 소정근로시간에 대하여 월급 또는 일급 등의 형태로 정기적·일률적으로 고정급 임금으로 지급되어 왔다면 이는 통상임금의 범위에 속한다.

판례는 일정한 기능을 보유한 직원에게 소정지급표에 따라 월정액으로 기술수당을 지급하도록 하는 경우 고정적·평균적으로 매월 일률적으로 지급되는 기본급 및 이에 준하는 수당으로서 근로의 질이나 양에 대하여 지급되는 임금, 즉 소정근로의 대상이므로 통상임금 범위에 속하는 것으로 보았다.[132]

7. 특수작업 종사에 따른 특수사업수당과 특수지역 근무에 따른 벽지수당·한냉지근무수당

○ 통상임금이라고 본 사례
특수작업 종사나 특수지역 근무에 따라 지급되는 고정급에 대하여 1임금지급기

---

130) 대판 1996. 3. 22. 대법95다56767
131) 서울고법 1999. 1. 25. 98나24299
132) 대판 1991. 6. 28. 90다카14758

마다 소정근로시간에 대하여 월급 또는 일급 등의 형태로 정기적·일률적으로 고정급 임금으로 지급되고 있다면 통상임금에 포함된다.

판례는 고열작업장에서 근무하는 근로자에게 지급하는 고열작업수당에 대해 전년도 온도측정에 따라 확정된 고열등급대로 같은 공정 내의 사원들에게 같은 금액의 수당을 지급해 왔고, 일정한 공정에 투입된 고열작업 종사자는 일반적으로 전보·휴직 등의 사유가 발생하거나 일시적으로 결원이 생겨 작업반장이 공정별로 인원배치를 조정하지 않는 한 같은 공정에서 지속적으로 근무하게 되므로 이러한 조건은 일시적·유동적인 것이 아니라 고정적인 조건이라고 본다. 고열작업수당은 수당이 지급되도록 정하여진 공정에 종사하는 모든 근로자들에 대해 일정한 조건이 충족되면 일정한 금액이 매년 정기적·일률적으로 지급된 것으로서 통상임금에 포함된다.[133]

○ 통상임금이 아니라고 본 사례

특수작업 종사에 따른 특수작업수당, 특수지역 근무에 따른 벽지수당·한냉지근무수당 등에 대하여 '일정 근무일수 충족'이나 근무성적에 따라 지급 여부나 지급액이 달라지는 경우에는 소정근로 제공 외에 추가적인 조건을 성취하여야만 지급되는 것으로 일률적·고정적이라고 볼 수 없어 통상임금에 해당하지 않는다고 본다.

판례는 생산계 반장직 근무자 및 지하 600m 이하 심부작업장 근무자에게 지급된 특수직무수당과 관련해 심부작업장에서 작업하는 날에 한하여 1일 소정의 특수직무수당을 지급하는 경우 정기적으로 지급된 것이기는 하나 일률적으로 지급된 것이라고 단정할 수 없어 통상임금에 포함되지 않는다고 판시한 바 있다.[134]

---

133) 대판 2005. 9. 9. 2004다41217
134) 대판 1994. 5. 24. 93다31979

8. 물가변동이나 직급 간 임금격차 등을 조정하기 위하여 지급하는 물가수당·조정수당

○ 통상임금이라고 본 사례

직급 또는 개인 간 임금격차를 조정하기 위하여 지급하는 조정수당과 업무능률을 향상시킬 목적으로 지급하는 능률수당이나 생산장려수당, 지급조건을 명확히 하지 않고 지급하는 기타수당 명목 임금 등과 같은 고정급 임금의 경우 앞의 경우처럼 1임금산정기간마다 소정근로시간에 대하여 일급 또는 월급형태로 정기적·일률적인 고정급 임금으로 지급되고 있다면, 그 명칭과 관계없이 통상임금에 속한다.

○ 통상임금이 아니라고 본 사례

근무실적에 연동하여 그 지급 여부나 지급액을 정하여 지급하는 수당이거나 조정수당·기타수당을 근무일수에 연동하여 일정 근무일수를 충족해야만 지급하는 경우라면 소정근로를 제공하는 것 외에 추가적인 조건을 성취해야만 하므로 근로자가 임의의 날에 초과근로를 제공하는 시점에서는 그 지급이 확정되지 아니한 불확실한 조건이 되어 고정적으로 지급되었다고 볼 수 없어 통상임금에 해당하지 않는다.

9. 실제 근로 여부에 따라 지급금액이 변동되는 기타 수당

가. 연장·야간·휴일근로수당

통상임금이란 소정근로시간에 대하여 지급하기로 정한 금액으로, 연장·야간·휴일근로수당의 산정기준이 되므로 연장·야간·휴일근로수당 등의 초과근로수당은 통상임금에 포함될 수 없다. 연장·야간·휴일근로수당이 포괄임금제에 의해 매월 고정적으로 정액이 지급되었다 하더라도 그 실질이 소정근로시간을 초과하여 연장·야간·휴일근로를 제공한 대가로 지급되는 것이라면 해당 시간외근로수당은 통상임금에서 제외하여야 한다.[135]

판례는 근무수당 명목의 금원이 매월 실제 근무일수가 20일 이상인 근무실적이 있는 자에 대하여 각종 법정수당인 연장·야간·휴일근로수당조로 일정액을 지급하고 기준근무일수에 미달하는 자는 실제 근무일수를 기준으로 조정 감액한 금액을 각종 법정수당조로 지급하는 것이므로 월 근무일수가 20일 이상인 경우에 직급에 따라 고정급으로 지급되어 왔다고 하여도 실제 근무실적을 기초로 한 각종 법정수당의 성질을 띤 것이어서 통상임금에 포함시킬 수 없다고 하였다.[136]

나. 연차수당과 주휴수당

근로자가 근로의 대가로 발생하는 연차유급휴가를 사용하지 않고 휴가일에 근로를 제공함으로써 지급되는 연차휴가 미사용수당은 근로자가 휴가일에 근로를 할 것인지 여부를 선택함에 따라 그 지급 여부가 결정되므로 실체적으로 소정근로의 대가와는 무관하므로 통상임금에 포함되지 않는다.[137]

소정근로일수의 개근 여부에 따라 그 지급 여부가 결정되는 주휴수당은 통상임금에 포함되지 않는다고 보며, 판례는 근로자 임금을 월급으로 지급할 경우 그 월급에는 구 근로기준법 제45조 소정의 유급휴일에 대한 임금이 포함된다고 할 것이고, 그와 같은 임금은 원래 소정근로일수를 개근한 근로자에 대하여만 지급되는 것으로서 정기적·일률적으로 지급되는 고정적인 임금이라고 할 수 없어 통상임금에는 해당하지 않는다.[138]

---

135) 대판 1991. 4. 23. 89다카32118
136) 대판 1990. 11. 27. 89다카15939
137) 대판 2007. 4. 12. 2006더81974
138) 대판 1998. 4. 24. 97다28421

6절 신의칙 적용으로 추가 임금청구 제한

1. 대법원 전원합의체 판결의 태도

대법원은 전원합의체 판결에서 강행법규에 위반하는 노사합의 무효를 확인하면서 예외적으로 무효를 이유로 추가 임금청구를 하는 것을 신의칙 법리로 제한하고 있다. 즉 "단체협약 등 노사합의의 내용이 근로기준법의 강행규정을 위반하여 무효인 경우에 그 무효를 주장하는 것이 신의칙에 위배되는 권리의 행사라는 이유로 이를 배척한다면 강행규정으로 정한 입법취지를 몰각시키는 결과가 될 것이므로 그러한 주장이 신의칙에 위배된다고 볼 수 없음이 원칙이다. 그러나 노사합의의 내용의 근로기준법 강행규정을 위반한다고 하여 그 노사합의의 무효주장에 대하여 예외 없이 신의칙 적용이 배제되는 것은 아니다. 따라서 신의칙을 적용하기 위한 일반적인 요건을 갖춤은 물론 근로기준법의 강행규정성에도 불구하고 신의칙을 우선하여 적용하는 것을 수긍할 만한 특별한 사정이 있는 예외적인 경우에 한하여 그 노사합의의 무효를 주장하는 것은 신의칙에 위배되어 허용될 수 없다"고 판시하여 신의칙 적용을 인정하고 있다.[139]

2. 신의칙 적용요건

신의칙이 적용되어 추가 임금청구가 배제되기 위해서는 다음과 같은 요건을 충족하여야 한다.

---

[139] 대판 2013. 12. 18. 2012다89399

가. 정기상여금에 관한 청구일 것

대법원 전원합의체 판결은 통상임금성에 해당함에도 신의칙에 의하여 지급을 제한할 수 있는 임금을 정기상여금으로 한정하고 있다. 즉 정기상여금을 제외한 각종 임금은 신의칙이 적용되지 않아 통상임금성이 인정되면 지급되어야 한다.

나. 정기상여금이 통상임금에 해당하지 않는다는 신뢰상태가 존재할 것

근로자와 사용자 간에 정기상여금이 통상임금에 해당하지 않는다고 신뢰한 상태에서 이를 통상임금에서 제외한다는 노사 간 합의를 하였어야 한다. 합의에는 단체협약 등 명시적인 합의 외에 묵시적 합의나 근로관행도 포함된다.

다. 추가 임금청구로 기업에 중대한 경영상 어려움을 초래하거나 기업의 존립이 위태롭게 될 수 있는 사정이 존재할 것

근로자가 합의의 무효를 주장하여 추가 임금을 청구할 경우 예측하지 못한 새로운 재정적 부담을 떠안을 기업에게 중대한 경영상 어려움을 초래하거나 기업의 존립이 위태롭게 될 사정이 인정되어야 한다. 만일 추가적인 재정 부담이 그 정도에 이르지 않는 경우에는 신의칙 적용이 인정되지 않는다.

7절 통상임금 산정방법

통상임금은 근로자가 정상적인 근로시간에 하는 근로 외에 특별한 근로에 대한 법정수당액을 산출하는 데 기초가 된다. 법정수당액은 통상임금을 1시간 단위로 환산한 시간급 통상임금에 근로기준법 소정의 할증률을 곱하여 구한다. 법정수당액을 산정하기에 앞서 시간급 통상임금을 산정하여야 한다. 임금은 일급제·주급제·월급제·도급제 등 다양한 형태로 지급된다. 이하에서는 시간급 통상임금 산정방식을 유형별로 살펴본다.

1. 시간급 금액으로 산정하는 경우

가. 시간급 임금으로 정한 임금

통상임금은 시간급을 기준으로 산정하는 것이 원칙이다. 시간급 금액으로 정한 임금은 그 시간급 금액으로 산정한다. 통상임금 범위에 포함되는 항목의 각종 임금이 시간급 금액으로 정하여져 있다면 시간급 통상임금은 이들을 모두 합산하면 된다(근로기준법 시행령 6조2항1호).

나. 일급 금액으로 정한 임금

일급 금액으로 정한 임금은 그 금액을 1일의 소정근로시간 수로 나눈 금액이 시간급 통상임금이 된다(근기법 시행령 6조2항2호). 근로자와 사용자가 임금을 일급으로 지급하기로 정한 경우 그 일급 금액을 소정근로시간 수로 나눈 금액을 환산하면 시간급 통상임금이 된다. 일급 금액은 실제로 지급된 1일의 임금인 일당의 개념과는 구분된다. 여기서 말하는 소정근로시간은 근기법 50조에 규정된 기준근로시간의 범위 내에서 노사 간 합의에 의하여 정한 근로시간을 의미한다. 작업 개시로부터 종료까지의 시간에서 근기법 54조의 휴식시간을 제외한 시간, 즉 실근로시간을 말한다.

한편 근로기준법상 법정근로시간을 초과하는 근로시간에 대한 임금으로 일급 금액이 정하여진 경우에는 그 일급 금액에서 시간외근로수당을 제외한 금액만이 1일 통상임금이 된다. 이를 표로 정리하면 아래와 같다.

임금산정 시 소정근로시간	시간급 통상임금 산정방식
법정근로시간 이하	$\dfrac{\text{일급 금액}}{\text{1일 소정근로시간 수}}$
법정근로시간 초과	$\dfrac{\text{일급 금액}}{\text{1일 기준근로시간 수} + \text{시간외근로시간} \times 1.5}$

판례는 취업규칙에 동절기와 하절기의 소정근로시간을 각각 분리하여 구분하고 동절기에 미달하는 근로시간에 대해서는 일급액을 시간급 단위로 지급하기로 정하였다 하더라도, 이는 은혜적으로 부여한 것이지 동절기에 근로자들의 시간급 통상임금을 인상하려는 취지는 아니므로, 그러한 특정일의 소정근로시간을 기준으로 시간급 통상임금 산정의 기초가 되는 월 소정근로시간 수를 산정함에 있어 시간급 통상임금으로 환산하지는 않는다고 밝혔다.[140]

다. 주급 금액으로 정한 임금

주급 금액으로 정한 임금은 그 금액을 주의 통상임금 산정 기준시간 수(근로기준법 2조1항7호에 따른 주의 소정근로시간과 소정근로시간 외에 유급으로 처리되는 시간을 합산한 시간)로 나눈 금액이 시간급 통상임금이 된다(근기법 시행령 6

---

140) 대판 1991. 6. 28. 90다카14758

조2항3호). 근로기준법상 사용자는 근로자에 대하여 1주일에 평균 1회 이상의 유급휴일을 주어야 하고, 그 주휴일에 대하여는 실제 근로를 하지 않아도 당연히 임금을 지급하여야 한다(근로기준법 55조). 따라서 근로자가 유급휴일에 근무한 것으로 간주하여 그 총근로시간 수를 산정한 후 주급 금액을 그 총근로시간 수로 나누는 방식에 의하여 시간급 통상임금을 산정하는 것이다. 근로자에 대하여 법정근로시간을 소정근로시간으로 정하고 있는 경우 주의 통상임금 산정 기준시간 수는 주당 기준근로시간에 주휴일분 해당분인 8시간을 합한 48시간이 된다.

임금산정 시 소정근로시간	시간급 통상임금 산정방식
법정근로시간 이하	주급 금액 / (1주일 소정근로시간 수 + 1일 근로간주시간 수(8시간))
법정근로시간 초과	주급 금액 / (1주일 기준근로시간 수 + 1일 근로간주시간 수 + 시간외근로시간 × 1.5)

라. 월급 금액으로 정한 임금

 대다수 근로자들은 기업이 정한 매월 특정일에 근로의 대가로 임금을 지급받는 것이 보통이다. 월급 금액으로 정한 임금은 그 금액을 월의 통상임금 산정 기준시간 수(주의 통상임금 산정 기준시간 수에 1년 동안의 평균 주의 수를 곱한 시간을 12로 나눈 시간)로 나눈 금액이 시간급 통상임금이 된다(근기법 시행령 6조2항4호). 월 평균 소정근로시간수는 1주일 소정근로시간(40시간)에 월 평균 주휴일수를 곱한 값이고, 월 평균 주휴일수는 월 평균 근로일수(365/12)를 7일로 나눈 숫자이고 1일 소정 근로간주시간은 8시간이다. 결과적으로 월급제의 경우 시간급 통상임금은 월급 금액을 소정 총근로시간 수(월 평균 소정근로시간 수 + 월평균 주휴일 해당 근로간주시간 수)로 나눈 금액이다.
 판례는 비교대상 임금에 대해 최저임금법에서 정한 1주 또는 월의 소정근로시간 수와 근기법 시행령 6조2항에서 정한 1주 또는 월의 통상임금 산정 근로시간 수의 의미는 같을 수 없다는 입장이다.

임금산정 시 소정근로시간	시간급 통상임금 산정방식
법정근로시간 이하	$\dfrac{월급\ 금액}{월평균\ 소정근로시간\ 수\ +\ 월평균주휴일\ 해당\ 근로간주시간\ 수}$ $=\dfrac{월급금액}{209시간(소수점\ 이하는\ 반올림)}$
법정근로시간 초과	$\dfrac{월급\ 금액}{209시간\ +\ 월간\ 시간외근로시간\ \times\ 1.5}$

마. 도급제로 정한 임금

도급 금액으로 정한 임금은 그 임금 산정기간에서 도급제에 따라 계산된 임금의 총액을 해당 임금 산정기간(임금 마감일이 있는 경우에는 임금 마감기간을 말한다)의 총근로시간 수로 나눈 금액이 시간급 통상임금이 된다(근기법 시행령 6조2항6호). 탄광근로자가 채탄량에 따라 도급금액을 임금으로 지급받기로 한 경우나 영업용택시의 운전기사가 사납금 초과 운송수입금을 개인 수입으로 갖는 도급제 등이 이에 해당한다.

바. 계산의 특례

일·주·월 외의 일정한 기간으로 정한 임금은 근기법 시행령 6조2항2호부터 4호까지의 규정에 준하여 산정된 금액이 시간급 통상임금이 된다(근기법 시행령 6조 2항5호). 동일한 근로자가 받는 임금이 둘 이상의 혼합 임금인 경우에는 1호부터 6호까지의 규정에 따라 각각 산정된 금액을 합산한 금액이 시간급 통상임금이 된다(근기법 시행령 6조2항7호).

2. 일급 금액으로 산정하는 경우

통상임금을 일급 금액으로 산정하는 경우 근기법 시행령 6조2항에 따른 시간급 금액에 1일의 소정근로시간 수를 곱하여 계산한다. 이것이 일급 통상임금이다(근기법 시행령 6조3항). 이는 2항2호의 일급 금액으로 정한 임금은 그 금액을 1일의 소정근로시간 수로 나눈 금액이 시간급 통상임금인 것과는 구별되며, 일급 통상임금을 시간급 통상임금에 1일의 소정근로시간 수를 곱하여 산정한다.

근기법 2조2항에 따라 평균임금액이 그 근로자의 통상임금보다 적으면 통상임금액을 평균임금으로 하는데, 평균임금이 통상임금보다 낮은지를 판단하려면 일급 통상임금을 계산하여야 한다.

4장
최저임금제도

4장
최저임금제도

1절 최저임금제도 개요

최저임금제도란 국가가 임금의 최저수준을 정하고 사용자에게 그 지급을 법적으로 강제하는 제도다.[141] 최저임금 결정기준과 결정절차 및 최저임금에 포함되는 임금의 범위 등에 대해 최저임금법 및 동시행령 등에서 규정하고 있으며 이는 근로기준법의 적용을 받는 모든 사업 또는 사업장에 적용한다(최저임금법 3조).

최저임금의 결정방법과 임금의 각종 항목 중 최저임금 범위에 포함되는 것과 예외적으로 최저임금법 적용이 제외되는 것을 살펴보자.

2절 최저임금 결정방법

최저임금은 근로자의 생계비, 유사근로자의 임금, 노동생산성 및 소득분배율을

141) 정병석·김헌수, 「최저임금법」 21쪽

고려하여 정한다. 사업의 종류별로 구분하여 정할 수 있다(최저임금법 4조). 그러나 현실적으로는 전 산업에 걸쳐 하나의 최저임금을 적용한다.[142]

최저임금액은 시간·일·주 또는 월 단위로 정하며 일·주 또는 월을 단위로 하여 최저임금액을 정할 때에는 시간급으로도 함께 표시하여야 한다(최저임금법 5조1항).

3절 최저임금에 포함되는 임금의 범위

1. 구체적인 판단기준

최저임금법 시행규칙은 최저임금에 포함되는 임금범위와 최저임금에 포함되지 않는 임금범위를 구분하여 규정하고 있다(최저임금법 시행규칙 2조). 이는 예시적인 규정으로 임금항목의 명칭만으로 최저임금 포함 여부를 판단하여서는 안 된다. 최저임금의 취지, 근로계약·취업규칙·단체협약의 내용, 직종·근무형태, 지급관행 등을 종합적으로 고려하여 판단하여야 한다.[143] 따라서 별표2에 예시되지 않은 임금항목도 별표1에 의해 최저임금에 산입하지 않는 임금에 해당하지 않는다면 최저임금에 산입되는 것으로 보아야 한다.

---

142) 하갑래 「근로기준법」 235쪽
143) 현창종 「근로기준법 실무」 674쪽

2. 최저임금에 산입하지 아니하는 임금의 범위

구분	임금의 범위
매월 1회 이상 정기적으로 지급하는 임금 외의 임금	• 1월을 초과하는 기간의 출근성적에 의하여 지급하는 정근수당 • 1월을 초과하는 일정 기간의 계속근무에 대하여 지급하는 근속수당 • 1월을 초과하는 기간에 걸친 사유에 의하여 산정하는 장려가급·능률수당 또는 상여금 • 기타 결혼수당·월동수당·김장수당·체력단련비 등 임시 또는 돌발적인 사유에 따라 지급하거나, 지급조건이 사전에 정하여진 경우에도 그 사유발생일이 확정되지 아니하거나 불규칙한 임금·수당
소정의 근로시간 또는 소정의 근로일에 대하여 지급하는 임금 외의 임금	• 연차휴가근로수당, 유급휴가근로수당, 유급휴일근로수당 • 연장근로 또는 휴일근로에 대한 임금 및 가산임금 • 야간근로에 대한 가산임금 • 일·숙직수당 • 기타 명칭 여하에 관계없이 소정근로에 대하여 지급하는 임금이라고 인정할 수 없는 것
기타 최저임금액에 산입하는 것이 적당하지 아니한 임금	가족수당·급식수당·주택수당·통근수당 등 근로자 생활을 보조하는 수당 또는 식사, 기숙사·주택제공·통근차 운행 등 현물이나 이와 유사한 형태로 지급되는 급여 등 근로자 복리후생을 위한 성질의 것

〈시행규칙 2조 별표1〉

3. 최저임금에 산입하는 임금의 범위

구분	임금의 범위
공통요건	1. 단체협약·취업규칙 또는 근로계약에 임금항목으로서 지급근거가 명시되어 있거나 관례에 따라 지급하는 임금 또는 수당 2. 미리 정하여진 지급조건과 지급률에 따라 소정근로(도급제의 경우에는 총근로)에 대하여 매월 1회 이상 정기적·일률적으로 지급하는 임금 또는 수당
개별적인 임금·수당의 판단기준	위의 공통요건에 해당하는 것으로 별표1의 규정에 의한 임금·수당 외에 다음 각호의 1에 해당하는 임금 또는 수당 1. 직무수당·직책수당 등 미리 정하여진 지급조건에 따라 담당하는 업무와 직책의 경중에 따라 지급하는 수당 2. 물가수당·조정수당 등 물가변동이나 직급간의 임금격차 등을 조정하기 위하여 지급하는 수당 3. 기술수당·면허수당·특수작업수당·위험작업수당 등 기술이나 자격·면허증 소지나 특수작업종사 등에 따라 지급하는 수당 4. 벽지수당·한냉지근무수당 등 특수지역에서 근무하는 자에게 일률적으로 지급하는 수당

	5. 승무수당·항공수당·항해수당 등 버스·택시·화물자동차·선박·항공기 등에 승무하여 운행·조정·항해·항공 등의 업무에 종사하는 자에게 매월 일정한 금액을 지급하는 수당 6. 생산장려수당 등 생산기술과 능률을 향상시킬 목적으로 매월 일정한 금액을 지급하는 수당 7. 기타 제1호 내지 제6호에 준하는 것으로서 공통요건에 해당하는 것이 명백하다고 인정되는 임금 또는 수당

〈시행규칙 2조 별표2〉

4. 구체적인 적용 사례

임금 항목별로 구체적으로 살펴보면 다음과 같다.

가. 근속수당

대법원 판례는 근속수당 명목으로 근속기간에 따라 일률적으로 정해진 금액을 매월 정기적으로 지급받되, 결근할 경우 결근일수만큼 일할 계산된 금액을 공제한 금액을 지급받아 왔다면 이와 같은 근속수당은 소정의 근로시간 또는 근로일에 대하여 매월 1회 이상 정기적으로 지급되는 임금이고, 근로자의 생활보조 혹은 복리후생을 위한 성질의 임금은 아니라고 본다. 최저임금법이 정하는 '비교대상 임금에 산입되지 않는 임금 또는 수당' 어디에도 해당하지 않아 '비교대상 임금'에 산입된다고 보아야 한다[144]고 판시하고 있다.

나. 능률에 따라 지급되는 생산장려수당·장려가급·상여금

능률에 따라 지급되는 생산장려수당·장려가급·상여금은 최저임금에 산입하지 않는 임금이나, 행정해석은 임금 명목에도 불구하고 매월 일정액으로 지급된다

---
144) 대판 2007. 1. 11. 2006다64245

면 최저임금에 산입되는 것으로 보고 있다.[145]

상여금이 소정의 근로시간 또는 근로일에 대하여 매월 1회 정기적으로 지급되는 임금에 해당된다면 최저임금 적용을 위한 임금에 산입될 수 있다. 다만 상여금 지급액이 연간 단위로 정해지는 경우 등 1월을 초과하는 기간에 걸친 사유에 의하여 산정되는 경우에는 최저임금 적용을 위한 임금에 포함하지 않는 것으로 보는 것이 행정해석의 태도다.[146]

외무사원에게 월간 판매실적(생산고)에 따라 산정 지급되는 능률수당과 관련하여 시간급으로 환산하여 최저임금 미달 여부를 판단하는 기준이 되는 것으로 보아 최저임금에 산입되는 임금으로 본 행정해석도 있다.[147]

다. 유급휴일근로에 대한 임금과 연차휴가근로수당

행정해석은 유급휴일에 대한 임금 및 가산수당, 연차휴가 미사용수당은 최저임금 적용을 위한 임금 및 소정근로시간에 산입되지 않는 것으로 본다.[148] 휴일을 사용하였음에도 지급되는 유급휴일수당,[149] 휴가를 가더라도 지급되는 연차휴가수당은 최저임금 적용을 위한 임금 및 소정근로시간에 포함된다.

라. 식비 등 복리후생급여

식비와 복지수당[150] 등 근로자의 생계비 보조 또는 복리후생을 위한 급여는 최저임금 적용을 위한 임금에 산입되지 않는다. 단체협약에 임금항목으로 명시되어 매월 1회 이상 정기적·일률적으로 지급되고 이를 통상임금 산정 시에 포함시킨다

---

145) 임금 32240-21666, 1989. 12. 29.
146) 임금정책과-719, 2004. 3. 4.
147) 임금 32240-7146, 1989. 5. 17.
148) 임금 32240-19950, 1989. 11. 29.
149) 대판 2007. 1. 11. 2006다64245
150) 임금 32240-7146, 1989. 5. 17.

할지라도, 이는 근로자의 생활을 간접적으로 보조하는 수당으로 분류되어 최저임금 적용을 위한 임금에 산입되지 않는 것으로 해석된다.[151]

마. 봉사료

봉사료를 사용자가 일괄 집중하여 배분하는 경우 그 배분금액은 임금으로 보아 평균임금의 산정에는 포함되는 것으로 보면서도 최저임금 적용에 있어서는 단체협약·취업규칙 또는 근로계약에 임금항목으로서 지급근거가 명시되어 있거나 관례에 따라 지급하는 임금 또는 수당으로서 미리 정하여진 지급조건과 지급률에 따라 소정근로에 대하여 매월 1회 이상 정기적·일률적으로 지급하는 임금에 해당하여야만 최저임금에 포함될 수 있다고 해석한다.[152]

4절 최저임금 미달 여부의 판단

1. 일반적인 판단기준

근로자가 지급받는 임금이 최저임금에 미달되는지 판단하기 위해서는 지급받은 총임금에서 최저임금에 산입되는 임금만을 포함하여 시급을 산정하고 결정·고시된 당해의 최저시급과 비교한다. 법령·단체협약 등에서 일정한 금액을 임금에서 공제하기로 한 때에는 공제 전의 임금을 기준으로 비교한다. 또한 단체협약·취업규칙 등에 의한 징계로 감급 제재를 받는 경우에도 감급되기 전 임금을 기준

---

151) 임금 32240-381, 1989. 1. 12.
152) 임금 32240-19072, 1987. 12. 27.

으로 판단한다.

2. 최저임금 미달 여부 판단을 위한 임금의 환산

가. 시간급 임금으로 환산

임금이 시간급인 경우 최저시급과 직접 비교한다. 이때 시간급 임금을 산정하는 방법은 사용자와 근로자가 약정한 근로시간이 법정근로시간 이내이면 그 시간을, 법정근로시간을 초과하는 경우에는 법정근로시간을 초과하는 시간에 대해 연장근로시간으로 가산한 시간을 기준으로 하여 시간급을 산정한다.

○ 일급제로 정하여진 경우

임금이 1일 단위로 정하여진 경우에는 그 금액을 1일의 소정근로시간으로 나누어 시간급으로 환산한 뒤 최저시급과 비교한다. 1일의 소정근로시간 수가 다른 경우에는 일급을 법정기준근로시간으로 나누어 시간급을 구한 후 최저시급과 비교한다. 1일의 소정근로시간이 정해져 있으나 각 일마다 소정근로시간이 다른 경우에는 1주 동안 1일 평균 소정근로시간을 구하여 시간급을 구한 다음 최저시급과 비교한다(최저임금법 시행령 5조1항1호).

○ 주급제로 정하여진 경우

임금이 1주 단위로 정하여진 경우에는 그 금액을 1주의 소정근로시간 수로 나누어 시급을 구한 뒤 최저시급과 비교한다. 이때 주급에 주휴수당이 포함되어 있다면 유급 주휴시간을 소정근로시간에 합산하여 주급으로 나누어 시급을 산정한다. 주에 따라 소정근로시간 수가 다른 경우에는 4주 동안의 1주 평균 소정근로시간을 구하여 시간급을 구한 후 최저시급과 비교한다(최저임금법 시행령 5조1항2호).

○ 월급제로 정하여진 경우

임금이 1월 단위로 정하여진 경우에는 1월의 소정근로시간으로 나누어 시급을 구한다. 월에 따라 소정근로시간 수가 다르다면 1년 동안의 1개월 평균 소정근로시간을 구하여 시간급을 구한 다음 최저시급과 비교한다(최저임금법 5조1항3호).

1년 동안의 1개월 평균 소정근로시간을 구하는 방법은 이하의 두 가지 방법 중 하나를 이용한다.

① 1년 동안의 매월 소정근로시간 수를 모두 합산한 후 12개월로 나누어 산정하는 방법

② (1주 소정근로시간 + 유급 주휴시간)×(365일÷12월÷7일) 로 산정하는 방법

나. 임금이 한 종류 이상의 형태로 혼합되어 있는 경우

임금이 시급·일급·주급·월급 및 도급제 중 두 가지 이상의 형태로 정하여진 경우에는 각 임금형태별로 시급을 산정한 후 이를 모두 합산하여 최저시급과 비교한다(최저임금법 시행령 5조3항).

다. 도급제로 정하여진 경우

임금이 통상적으로 도급제나 그 밖에 이와 비슷한 형태로 정하여져 있는 경우로서 근로시간을 파악하기 어렵거나 최저임금액을 정하는 것이 적합하지 않다고 인정되면 해당 근로자의 생산고 또는 업적의 일정 단위에 의하여 최저임금액을 결정한다. 임금이 도급제로 정하여져 있는 경우란 근로시간과 관계없이 임금이 생산단위당 도급단가에 의하여 지급되는 것을 의미한다.[153] 임금산정기간(임금마감일이 있는 경우에는 임금마감기간)의 임금총액을 그 임금산정기간 동안 총근로시간

---

153) 임금 32240-17712, 1990. 12. 22.

수로 나누어 시급을 산정한 후 최저시급과 비교한다(최저임금법 시행령 5조2항).

이때 총근로시간 수에는 유급 처리되는 주휴시간이 제외되나, 임금총액에 유급 처리되는 주휴시간이 포함되어 있는 경우에는 그 시간을 합산하여 시급을 산정한다.

5절 최저임금 적용제외 및 감액적용

1. 최저임금법 적용제외 대상

최저임금법은 근로자를 사용하는 모든 사업 또는 사업장에 적용되어 근로형태에 관계없이 모든 근로자에게 적용되는 것이 원칙이나 동거하는 친족만을 사용하는 사업과 가사사용인 및 선원법의 적용을 받는 선원과 선원을 사용하는 선박 소유자에게는 법 적용이 제외된다(최저임금법 3조).

2. 최저임금 적용제외 대상

최저임금법은 정신장애나 신체장애로 근로능력이 현저히 낮은 자에 대해서는 최저임금이 적용되지 않는 것으로 규정하고 있다(최저임금법 7조). 이는 일반근로자와 비교하여 근로능력이 현저히 낮거나 특별한 사정으로 인해 일반근로자와 동등한 임금을 지급하는 것이 고용유지 측면에서 적당하지 않기 때문이다.[154]

---

154) 하갑래 「근로기준법」 242쪽

정신장애란 정신지체 또는 정신적 질환으로 발생하는 장애를 의미하고, 신체장애란 주요 외부 신체기능의 장애, 내부기관의 장애 등을 의미하는 것으로 구체적인 판단기준은 장애인복지법 및 동법 시행령·시행규칙에 의한다.[155]

적용제외 대상에 해당하는 경우 고용노동부장관의 인가를 받은 자에 한하여 최저임금을 적용하지 않을 수 있고 이때 사업체가 임금을 낮추는 수단으로 이용하지 않도록 최소한의 인가만이 인정되고[156] 소급인가는 금지된다.

인가기준은 그 정신 또는 신체의 장애로 같거나 유사한 직종에서 최저임금을 받는 다른 근로자 중 가장 낮은 근로능력자의 평균작업능력에도 미치지 못하는 사람이 된다(최저임금법 시행규칙 3조1항). 동일 유사 직종의 가장 낮은 근로능력자는 원칙적으로 동일 사업장 내에서 선정하되, 없으면 인근 사업장에서 선정하고, 인근 사업장에도 없는 경우에는 무기능 미숙련자의 작업능력을 고려하여 대상자를 선정한다.[157] 이때 작업능력은 한국장애인고용공단의 작업능력평가사의 의견을 들어 근로감독관이 결정한다.[158] 낮은 근로능력자의 최저임금 적용제외 인가기간은 1년을 초과할 수 없다.

3. 감시·단속적 근로자

근로기준법 63조3호의 규정에 따라 고용노동부 장관의 승인을 얻은 감시 또는 단속적으로 근로에 종사하는 자에 대하여는 시행령으로 최저임금법에 따른 최저임금액과 다른 최저임금액을 정할 수 있는 것으로 규정하여 최저임금액에서 100분의 10을 뺀 금액을 그 근로자의 시간급 최저임금액으로 규정하고 있다(최저임금법 시행령 3조2항). 그러나 2005년 5월 31일 최저임금법에 최저임금의 감액적용을 규정한 후 2006년 12월 21일 동시행령에서 2011년 12월 31일까지 최저임금

---

155) 최영우 「개별 노동법 실무」 638쪽
156) 임금 68200-645, 2001. 9. 14
157) 최영우 「개별 노동법 실무」 638쪽
158) 하갑래 「근로기준법 실무」 242쪽

의 20%를 감액하여 적용하도록 하다가, 2011년 12일 21일 동시행령에서 2014년 12월 31일까지 최저임금의 10%의 감액을 규정하고 있어 2016년 현재 시행령의 적용기간이 경과되었다.

　근로기준법상 감시·단속적 근로자에게 근로시간·휴일·휴게관련 규정이 적용되지 않는 것으로 정함에 따라 근로자의 일급·주급·월급 임금을 시간급 임금으로 환산하는 경우 근로기준법상 소정근로시간을 적용할 수 없어, 지급하기로 정해진 임금총액을 그 기간의 총근로시간 수로 나누어 시급을 산정하여야 한다.

4. 수습사용 중인 근로자

　수습사용 중에 있는 자로서 수습사용한 날부터 3개월 이내인 사람에 대해서는 최저임금액에서 100분의 10을 뺀 금액을 최저임금액으로 한다(최저임금법 시행령 3조1항). 다만 1년 미만 기간을 정하여 근로계약을 체결한 근로자는 최저임금 감액적용 규정이 적용되지 않는다(최저임금법 5조2항1호).

　이때 수습·시용 등 명칭에 관계없이 수습사용 중인 자는 모두 감액적용 대상이 된다.

6절 최저임금의 효력

1. 최저임금 이상 임금지급 의무

가. 원칙

사용자는 최저임금 적용을 받는 근로자에게 최저임금액 이상의 임금을 지급하여야 한다(최저임금법 6조1항). 최저임금 적용을 받는 근로자와 사용자 사이의 근로계약 중 최저임금액에 미치지 못하는 금액을 임금으로 정한 부분은 무효로 하며, 이 경우 무효로 된 부분은 최저임금법으로 정한 최저임금액과 동일한 임금을 지급하기로 한 것으로 본다(최저임금법 6조3항).

대법원 판례는 최저임금 미달부분에 대해 최저임금에 포함하지 않는 임금을 지급하여 미달된 부분을 보전한다는 약정도 무효가 됨을 명확히 하고 있다.[159]

나. 예외

① 근로자가 자기의 사정으로 소정근로시간 또는 소정근로일에 근로를 하지 않는 경우 ② 사용자가 정당한 이유로 근로자에게 소정근로시간 또는 소정근로일에 근로를 시키지 않은 경우까지 근로자가 근로하지 않은 시간 또는 일에 대하여 사용자가 최저임금 이상을 지급할 것을 강제하는 것은 아니다(최저임금법 6조6항).

2. 종전 임금수준 저하금지

사용자는 최저임금법에 따른 최저임금을 이유로 종전 임금수준을 낮추어서는 안 된다(최저임금법 제6조 제2항). 최저임금에 산입되는 임금뿐 아니라 산입되지 않는 임금까지 합한 임금총액을 기준으로 하여 비교한다. 새로 조정된 임금총액이 고시된 최저임금액과 최저임금 적용을 위한 임금에 산입하지 않는 임금을 합한 금액보다 적으면 종전 임금수준을 저하시킨 것으로 해석한다.[160]

---

159) 대판 2007. 1. 11. 2006다64245
160) 임금 32240-365, 1989. 3. 13.

7절 택시운전근로자의 최저임금

여객자동차운수사업법 3조 및 같은 법 시행령 3조2호다목에 따른 일반택시운송사업에서 운전업무에 종사하는 근로자의 최저임금에 산입되는 임금의 범위는 생산고에 따른 임금을 제외하고, 단체협약·취업규칙·근로계약에 정해진 지급조건과 지급률에 따라 매월 1회 이상 지급하는 임금이다.

다만 다음에 해당하는 임금은 산입하지 않는다.

① 소정근로시간 또는 소정의 근로일에 대하여 지급하는 임금 외의 임금
② 근로자의 생활 보조와 복리후생을 위하여 지급하는 임금

〈표〉 택시운전근로자의 최저임금 산입범위 특례[161]

구분	개정 전	개정 후
생산고 임금	산입	불산입
매월 1회 이상 지급하는 상여금 등	불산입	산입
연장·휴일근로수당 및 가산임금	불산입	불산입
가족수당 등 생활보조·복리후생적 금품	불산입	불산입

〈표〉 일반근로자와 택시운전근로자의 최저임금 산입범위 비교[162]

시행규칙 별표1(산입범위에서 제외되는 임금)		일반근로자	택시근로자
매월 1회 이상 정기적으로 지급하는 임금 외의 범위	1. 1월을 초과하는 기간의 출근성적에 의하여 지급하는 정근수당 2. 1월을 초과하는 일정 기간의 계속근무에 대하여 지급하는 근속수당 3. 1월을 초과하는 기간에 걸친 사유에 의하여 산정하는 장려가급·능률수당 또는 상여금	불산입	매월 1회 이상 지급하는 경우 산입

161) 택시 최저임금 산입범위 개정 최저임금법 시행령 설명자료 및 시행지침(근로기준과-2244, 2009. 7. 1.)
162) 최영우 「근로기준법 실무」 639쪽

	4. 기타 결혼수당·월동수당·김장수당·체력단련비 등 임시 또는 돌발적인 사유에 따라 지급하거나, 지급조건이 사전에 정하여진 경우에도 그 사유발생일이 확정되지 아니하거나 불규칙한 임금·수당		
소정의 근로시간 또는 소정의 근로일에 대하여 지급하는 임금외의 임금	1. 연차휴가근로수당, 유급휴가근로수당, 유급휴일근로수당 2. 연장근로 또는 휴일근로에 대한 임금 및 가산임금 3. 야간근로에 대한 가산임금 4. 일·숙직수당 5. 기타 명칭 여하에 관계없이 소정근로에 대하여 지급하는 임금이라고 인정할 수 없는 것	불산입	불산입
기타 최저임금액에 산입하는 것이 적당하지 아니한 임금	가족수당·급식수당·주택수당·통근수당 등 근로자의 생활을 보조하는 수당 또는 식사, 기숙사·주택제공·통근차 운행 등 현물이나 이와 유사한 형태로 지급되는 급여 등 근로자의 복리후생을 위한 성질의 것	불산입	불산입
생산고 임금	-	산입	불산입

8절 도급근로자의 최저임금

도급으로 사업을 행하는 경우 도급인이 책임져야 할 사유로 수급인이 근로자에게 최저임금액에 미치지 못하는 임금을 지급한 경우 도급인은 해당 수급인과 연대하여 책임을 진다(최저임금법 6조7항).

도급인이 책임져야 할 사유의 범위는 다음과 같다.

① 도급인이 도급계약 체결 당시 인건비 단가를 최저임금액에 미치지 못하는 금액으로 결정하는 행위

② 도급인이 도급계약 기간 중 인건비 단가를 최저임금액에 미치지 못하는 금액으로 낮춘 행위(최저임금법 6조8항)

도급인의 귀책사유로 수급인이 최저임금 미만으로 임금을 지급한 경우 연대책임이 발생하여 근로감독관이 그 연대책임을 이행하도록 시정지시를 하였음에도

불구하고 도급인이 시정기한 내에 이를 이행하지 않은 경우 2년 이하의 징역 또는 1천만 원 이하의 벌금에 처한다(최저임금법 28조2항).

두 차례 이상 도급으로 사업을 행하는 경우에는 하수급인을 수급인으로 보고, 직상 수급인(하수급인에게 직접 하도급을 준 수급인)을 도급인으로 본다(최저임금법 6조9항).

2부
퇴직급여와 주요 법정수당

1장
퇴직급여제도

1장
퇴직급여제도

1절 퇴직급여제도 개요

1. 퇴직급여의 의의

근로자 퇴직급여제도의 설정 및 운영에 필요한 사항은 근로자퇴직급여 보장법(이하 "퇴직급여법")에서 규율하고 있다. 급속한 인구 고령화, 기업 도산 시 근로자 퇴직금 보장의 한계, 근로자 퇴직 시 기업의 일시금 부담 가중 등 일시금 퇴직금제도의 문제점이 부각됐기 때문이다. 기존 퇴직금제도 관련 조항을 근로기준법에서 분리한 뒤 퇴직급여법을 제정해 시행하고 있다.

사용자는 퇴직하는 근로자에게 급여를 지급하기 위하여 퇴직금제도, 확정급여형 퇴직연금제도, 확정기여형 퇴직연금제도 중 한 가지 이상의 제도를 설정하여야 한다. 다만 계속근로연수가 1년 미만인 근로자, 4주간을 평균하여 1주간의 소정근로시간이 15시간 미만인 근로자에 대하여는 퇴직금제도와 확정급여형 퇴직연금제도, 확정기여형 퇴직연금제도가 적용되지 않는다(퇴직급여법 4조1항).

'급여'는 퇴직급여제도나 개인형 퇴직연금제도에 의하여 근로자에게 지급되는 연금 또는 일시금을 말하고(퇴직급여법 2조5호), '퇴직급여제도'는 퇴직금제도, 확정급여형 퇴직연금제도, 확정기여형 퇴직연금제도를 말한다(퇴직급여법 2조6호).

그리고 '퇴직연금제도'는 확정급여형 퇴직연금제도, 확정기여형 퇴직연금제도 및 개인형 퇴직연금제도를 말한다(퇴직급여법 2조7호).

2. 퇴직급여법 적용제외

퇴직급여법은 근로자를 사용하는 모든 사업 또는 사업장에 적용한다.[163] 다만 동거하는 친족만을 사용하는 사업 및 가구 내 고용활동에는 적용하지 않는다(퇴직급여법 3조).

선원법·공무원연금법·사립학교 교직원 연금법 등이 퇴직금제도에 관한 특별 규정을 두고 있으므로 선원·공무원·사립학교 교직원은 해당 법에 의하여 정하여진 퇴직금을 지급받고, 퇴직급여법상 퇴직금 조항의 적용을 받지 않는다.

3. 퇴직급여제도 차등설정 금지

퇴직급여제도를 설정할 때 하나의 사업에서 급여 및 부담금 산정방법의 사용 등에 관하여 차등을 두어서는 안 된다(퇴직급여법 4조2항).

하나의 사업에 포함되는 본사·지점이나 지사·공장의 급여 및 부담금 수준에 있어 그 지급조건을 달리하거나 또는 하나의 사업 안에 직위별·직급별·직종별로 퇴직금 지급률(누진제 또는 단수제)을 달리하는 것은 퇴직급여제도 차등설정에 해당한다.

그러나 이는 하나의 사업 안의 근로자 사이에 적용되므로 사업을 달리하는 근로자 사이의 차등은 금지대상에 해당하지 않는다. 사업이란 경영상 일체를 이루면서 계속적·유기적으로 운영되고 전체로서의 독립성을 갖춘 하나의 기업체조직

註 163) 근로기준법이 1961년 12월 4일 퇴직금제도를 도입한 이래 현재에 이르기까지 퇴직금제도가 적용되는 사업 또는 사업장은 근로자의 숫자를 기준으로 하여 규모가 작은 경우까지 점차 확대되어 가고 있다. 판례는 재직 중 법 개정으로 퇴직금제도의 적용을 받는 사업장에 속하는 경우 법상 퇴직금 규정 적용대상이 아니었던 기간은 계속근로연수에 산입할 수 없다고 본다(대판 1996. 12. 10. 96다42024).

을 뜻한다.

　KBS의 계약직 시청료징수원 퇴직금제도가 정식직원 퇴직제도에 비하여 불리하게 규정되어 있다면 KBS의 계약직 시청료징수원의 업무가 단일 기업체인 KBS라는 하나의 사업의 일부분이라는 점에서 이는 퇴직금 차등금지 원칙에 위반된다.[164] 농지개량조합이 일반직 및 기능직 직원과 임시직 근로자의 퇴직금제도를 달리 마련하여 이를 적용하는 것은 퇴직금 차등제도에 해당한다.[165] 근로자의 입사시기에 따라 퇴직금 지급률을 달리하는 것도 퇴직금 차등제도 금지 위반이다.[166] 국내직원과 해외기능공의 퇴직금을 차별하는 것도 퇴직금 차등제도 금지 위반에 해당한다.[167]

　재직 중 근로자에게는 종전의 퇴직금제도를 계속 적용하되 신규 입사자에게는 하향 조정된 지급률에 의한 퇴직금을 지급하기로 하는 새로운 퇴직금제도를 적용하는 경우 퇴직금제도의 차등설정에 해당하지 않는다.[168] 종래의 퇴직금제도를 재직 중 근로자의 동의를 받아 변경하면서, 변경 전 근속기간에 대하여는 종래의 퇴직금제도를 적용하고, 변경 이후부터는 재직 중 근로자와 새로 입사한 근로자를 불문하고 일률적으로 변경된 퇴직금제도를 적용하는 것도 퇴직금 차등제도에 해당하지 않는다.[169] 회사 합병이나 영업양도 등에 의하여 근로계약관계가 포괄적으로 승계됐을 때 승계 후 퇴직금 규정이 승계 전 퇴직금 규정보다 불리하여 부득이 기존 근로자에게는 종전의 퇴직금 규정을 적용할 수밖에 없어 결과적으로 하나의 사업 내에 별개의 퇴직금제도를 운용하게 되었더라도 이는 퇴직금 차등제도에 해당하지 않는다.[170]

---

[164] 대판 1993. 2. 9. 91다21381
[165] 대판 2002. 4. 12. 2002다328
[166] 대판 2002. 6. 28. 2001다77970
[167] 대판 1997. 11. 28. 97다24511
[168] 대판 1992. 12. 22. 91다45165
[169] 1987. 5. 29. 근기 01254-8642
[170] 대판 2007. 11. 29. 2005다28358

관/련/판/례

학교법인 산하 사립대학교와 그 부속의료원, 병원을 하나의 사업으로 본 사례

(1) 구 근로기준법 28조2항의 입법취지는 하나의 사업 내에서 직종·직위·업종별로 서로 다른 퇴직금제도를 두어 차별하는 것을 금지하고 하나의 퇴직금제도를 적용하게 하고자 함에 있으므로, 여기에서 말하는 '사업'이란 특별한 사정이 없는 한 경영상 일체를 이루는 기업체 그 자체를 의미한다.
(2) 학교법인 산하 ○○대학교와 그 부속의료원·병원이 하나의 직제규정에 의하여 조직되고 회계와 인사 등에 있어서도 동일한 총장 및 이사회의 지시 내지 결의에 의하여 유기적으로 일체를 이루면서 운영되어 온 경우 그 부속의료원·병원은 ○○대학교에 소속된 하나의 기구에 불과하다 할 것이므로 결국 ○○대학교와 그 부속의료원·병원은 동일한 사업이라 할 것이고, 노동조합이 따로 설립되어 활동하고 있다거나 단체협약이 독립적으로 체결되어 왔다고 하여 이와 달리 볼 것은 아니라고 한 사례

〈대법원 1999. 8. 20. 선고 98다765 판결〉

근로자 집단별로 적용되는 퇴직급여제도를 달리 설정하는 것은 차등설정에 해당하지 않는다. 퇴직급여제도 차등설정을 금지한다는 것은 퇴직급여제도 급여 및 부담금 수준에 있어서의 차등을 의미하는 것이다. 근로자 간에 적용되는 퇴직급여가 달라짐에 따라 급여수준이 달라지는 것은 제도 간의 차이에 따른 것이어서 차등으로 보지 않는다. 한 사업 내에서 퇴직금제도와 확정급여형 퇴직연금제도 및 확정기여형 퇴직연금제도를 모두 설정하여 근로자별로 퇴직급여제도 형태를 선택하도록 할 수도 있고, 두 가지 퇴직연금제도를 모두 설정하여 적용하는 것도 가능하다.

4. 퇴직급여제도 설정 및 변경

퇴직급여제도는 퇴직급여법상 의무적으로 설정하여야 하며, 상시 10인 이상의

근로자를 사용하는 사용자는 취업규칙을 작성할 의무가 있고, 취업규칙에는 반드시 퇴직금에 관한 사항이 포함되어야 한다(근로기준법 93조5호). 퇴직금제도는 취업규칙 외에도 단체협약·근로계약 형식으로도 설정할 수 있다. 퇴직금제도를 설정하지 않았거나 퇴직금 지급 약정이 없다 하더라도 근로자는 퇴직급여법상 지급기준에 의하여 산정된 퇴직금을 받을 수 있다.[171]

 관/련/판/례

전공의가 비록 전문의시험 자격취득을 위한 필수적인 수련 과정에서 수련병원에 근로를 제공하였다 하더라도 전공의 지위는 교과과정에서 정한 환자진료 등 피교육자적인 지위와 함께 병원에서 정한 진료계획에 따라 근로를 제공하고 그 대가로 임금을 지급받는 근로자 지위를 아울러 가지고 있다고 할 것이고 또한 병원측의 지휘·감독 아래 노무를 제공함으로써 실질적인 사용·종속관계가 있다고 할 것이므로 전공의는 병원 경영자에 대한 관계에 있어서 근로자에 해당하고, 퇴직금을 청구할 수 있다.

〈대법원 1991. 11. 8. 선고 91다27730 판결〉

사용자가 퇴직급여제도를 설정하거나 설정된 퇴직급여제도를 다른 제도로 변경하려면 근로자 과반수가 가입한 노동조합이 있는 경우에는 그 노동조합, 근로자 과반수가 가입한 노동조합이 없는 경우에는 근로자 과반수(이하 "근로자대표")의 동의를 받아야 한다(퇴직급여법 4조3항).

5. 퇴직급여제도 변경절차

퇴직급여제도는 단체협약·취업규칙·근로계약 등에 의하여 설정된다. 퇴직급여제도를 변경하려면 위 설정내용을 변경하여야 한다.

---

171) 대판 1991. 11. 8. 91다27730

사용자는 이미 설정된 퇴직급여제도의 내용을 바꾸려면 근로자대표의 의견을 들어야 한다. 근로자에게 불리하게 변경하려는 경우에는 근로자대표의 동의를 받아야 한다(퇴직급여법 4조4항).

6. 새로 성립된 사업장의 퇴직연금제도 우선설정

퇴직급여법 전부개정법률 시행일인 2012년 7월 26일 이후 새로 성립(합병·분할은 제외한다)된 사업의 사용자는 근로자대표의 의견을 들어 사업 성립 후 1년 이내에 확정급여형 퇴직연금제도나 확정기여형 퇴직연금제도를 설정하여야 한다(퇴직급여법 5조).

퇴직연금제도 설정 여부와 관련한 벌칙규정을 두고 있지는 않다.

7. 퇴직급여제도를 설정하지 않은 경우

사용자가 퇴직급여제도나 개인형 퇴직연금제도를 설정하지 않았다면 퇴직급여법 8조1항에 따른 퇴직금제도를 설정한 것으로 본다(퇴직급여법 11조).

8. 법정기준에 미달하는 퇴직금 규정의 효력

단체협약·취업규칙·근로계약 등에 정한 퇴직금 규정이 퇴직급여법 8조1항에 정한 최저기준에 미달하는 때에는 상위규범 우선의 원칙에 따라 그 부분은 무효가 되고, 퇴직근로자는 최소한 퇴직급여법 8조1항에 따라 산정한 퇴직금을 지급받을 수 있다. 퇴직금 규정이 없는 경우에도 같다.

퇴직급여법 8조1항은 퇴직금 액수의 하한선을 제시하기 위한 것으로 해석되므로 단체협약·취업규칙·근로계약 등에 정한 퇴직금 규정이 퇴직급여법과 전혀 다른 방법으로 산정하더라도 이를 적용하여 산정한 퇴직금 액수가 퇴직급여법 소정

의 방법을 적용하여 산정한 퇴직금 액수를 초과하는 경우에는 유효한 퇴직금 규정으로 보아야 한다.[172]

2절 퇴직금제도

1. 퇴직금제도의 의의

퇴직금제도를 설정하려는 사용자는 계속근로연수 1년에 대하여 30일분 이상의 평균임금을 퇴직금으로 퇴직근로자에게 지급할 수 있는 제도를 설정하여야 한다(퇴직급여법 8조1항).

퇴직금제도에 관한 규정은 강행규정이다. 퇴직 사유가 근로자의 임의퇴직이냐 사용자의 해고냐 여부에 관계없이 근로기준법에 정한 하한을 기준으로 하여 퇴직금을 반드시 지급하여야 한다.[173]

퇴직금은 사용자가 일정 기간을 계속근로하고 퇴직하는 근로자에게 그 계속근로에 대한 대가로 지급하는 후불적 임금의 성격을 띤 금원이다. 구체적인 퇴직금 청구권은 근로계약관계가 존속하는 한 그 지급의무가 발생하지 않고 계속근로가 끝나는 퇴직이라는 사실을 요건으로 하여 발생한다.[174] 즉 퇴직금 채권은 근로계약이 종료되는 때에 가서야 비로소 그 지급의무가 생기는 채권이다. 퇴직금 산정의 기초가 되는 기준임금도 특별한 사정이 없는 한 퇴직 당시를 기준으로 산정하여야 한다.[175]

---

172) 대판 1998. 1. 20. 97다21086, 대판 1997.2.28. 95다49233
173) 대판 2004. 6. 25. 2002다51555
174) 대판 1998. 3. 27. 97다49732
175) 대판 1997. 9. 12. 96다56306

2. 퇴직금 산정방식

$$법정퇴직금 = (x년 + \frac{y개월}{12월} + \frac{z일}{365일}) \times 30일 \times 1일 \text{ 평균임금}$$

퇴직금은 "계속근로연수"에 대하여 "30일분"의 "평균임금"을 곱하여 산정한다. 퇴직금 산정의 기준이 되는 요소는 "계속근로연수", "평균임금", "퇴직금 지급률"이다.

가. 계속근로연수

(1) 계속근로연수의 의의

계속근로연수는 근로계약을 체결하여 해지될 때까지의 기간[176]이다. 원칙적으로 근로자의 재직기간을 의미한다. 만 1년 단위를 기준으로 산정하는 것이 아니라 계속근로연수가 1년 이상으로서 연 미만 개월 수와 일수가 있는 경우에는 이를 1년 비율로 환산하여 계산하여야 한다.

단체협약이나 취업규칙으로 재직기간 중 일부를 퇴직금 산정의 기초가 되는 근속기간에서 함부로 제외하는 것은 그와 같이 하여 산정한 퇴직금 액수가 근로기준법에 정한 방법을 적용하여 산정한 퇴직금 액수 이상인 경우 등의 특별한 사정이 없는 한 허용하지 않는다.[177]

근로자 채용 당시의 직종이나 임시직·수습직·일용직 등 고용형태와 관계없이 실질적인 최초 고용일부터 실제 퇴직하는 날까지의 근속일수를 기준으로 퇴직금을 산출한다.

---

176) 2010. 5. 25. 고용평등정책과-885
177) 대판 2007. 11. 29. 2005다28358

(2) 계속근로연수 관련 문제

(가) 근로관계의 계속성 여부가 문제 되는 경우

1) 반복적 근로계약 갱신
가) 원칙

근로계약이 만료됨과 동시에 다시 근로계약을 맺어 그 근로계약기간을 갱신하거나 동일한 조건의 근로계약을 반복하여 체결한 경우에는 최종적·확정적으로 퇴직할 때 퇴직 효력이 유효하게 발생하는 것으로 보아야 한다. 갱신 또는 반복된 근로계약기간을 모두 합산하여 계속근로연수를 계산하는 것이 원칙이다.[178]

반복갱신 사이에 근로관계 단절이 있는 경우라도 그 근로계약이 이루어지게 된 동기 및 경위, 기간을 정한 목적과 당사자의 진정한 의사, 동일 사업장에서의 근무 여부, 기간제법 제정취지 등에 비추어 계속근로로 볼 수 있는지 여부를 판단하여야 한다.[179] 즉 기간의 단절이 있는 근로계약이 수차례 반복되어 계약을 계속 체결하는 것이 관행화되어 있고, 노사 당사자 모두 그렇게 기대하면서 사실관계에 있어서도 특정 기간이 도래되면 재계약을 체결한 후 동일한 근로를 제공하고 사용자는 그 대상으로서 임금을 지급하는 형태의 근로관계가 반복되었다면 이 경우는 반복적으로 체결한 근로계약 전체 기간을 계속근로로 보아야 한다.[180]

나) 근로기간 중 공백기간이 있는 경우

갱신되거나 반복 체결된 근로계약 사이에 일부 공백기간이 있다 하더라도 그 기간이 전체 근로계약기간에 비하여 길지 않고 계절적 요인이나 방학기간 등 당해 업무의 성격에 기인하거나 대기기간·재충전을 위한 휴식기간 등의 사정이 있어 그 기간 중 근로를 제공하지 않거나 임금을 지급하지 않을 상당한 이유가 있다고

---

178) 대판 1995. 7. 11. 93다26168
179) 2010. 3. 24. 고용평등정책과-60
180) 2011. 2. 24. 임금복지과-715

인정된다면 근로관계의 계속성이 유지된다.[181]

 관/련/판/례

대학입시학원 종합반 강사

대학입시학원 종합반 강사들이 매년 계약기간을 2월 중순경부터 그해 11월경까지로 정한 근로계약을 반복하여 체결한 경우 계약기간이 아닌 기간에 강사들이 수능시험 문제 풀이, 논술 강의, 대학 지원자 및 대학 합격자 파악·보고 등의 업무를 수행한 점 등에 비추어 볼 때 계약기간이 아닌 기간도 강의 외 부수업무 수행과 다음 연도 강의를 위한 재충전 및 강의능력 제고를 위한 연구기간으로서 근로관계가 계속되었다고 본 사례

【판결요지】
근로계약기간이 만료하면서 다시 근로계약을 맺어 그 근로계약기간을 갱신하거나 동일한 조건의 근로계약을 반복하여 체결한 경우에는 갱신 또는 반복된 계약기간을 합산하여 계속근로 여부와 계속근로연수를 판단하여야 하고, 갱신되거나 반복 체결된 근로계약 사이에 일부 공백기간이 있다 하더라도 그 기간이 전체 근로계약기간에 비하여 길지 아니하고 계절적 요인이나 방학 기간 등 당해 업무의 성격에 기인하거나 대기·재충전을 위한 휴식기간 등의 사정이 있어 그 기간 중 근로를 제공하지 않거나 임금을 지급하지 않을 상당한 이유가 있다고 인정되는 경우에는 근로관계의 계속성은 그 기간 중에도 유지된다.
〈대법원 2006. 12. 7. 선고 2004다29736 판결〉

사용자가 근로자를 재용하여 매 3월 또는 6월마다 근로계약을 갱신하여 체결하거나[182] 일단 해고한 뒤 2~3일 정도 휴무 후에 다시 채용하였다 하더라도 실제로는 그 기간 동안 계속하여 근로하였다면 퇴직 효력이 생길 수 없으므로 사용종속관계는 단절되지 않고 계속 유지된다고 보아야 한다.[183] 연초에 채용형식을 취한 후 연말에 해고하는 것을 수년간 반복하는 고용형태를 취하는 경우에도 동일 근로자가 동일 사업장에서 사실상 수년간 계속 근무하였다면 당해 고용형태의 형

---

181) 대판 2011. 4. 14. 2009다35040
182) 대판 1979. 4. 10. 78다1753
183) 대판 1975. 6. 24. 74다1625·1626

식에도 불구하고 근무한 전후기간을 통산하여 퇴직금을 산정하여 지급하여야 한다.[184]

다) 근로관계가 단절된 경우

퇴직급여법에서 규정하는 퇴직금 중간정산제의 사유와 요건을 갖추고 근로계약을 갱신하면서 퇴직금을 중간정산하는 경우 퇴직금 계산을 위한 계속근로연수가 단절되므로 중간정산 이후 퇴직금은 정산시점부터 새로 계산한다(퇴직급여법 8조2항).

2) 취업정년 후의 재고용기간(촉탁근로자)

취업규칙 등에 정한 취업정년에 이르러 정년퇴직한 근로자를 대상으로 퇴직금 등 금품청산을 완료하고 취업규칙 또는 당사자 간의 합의에 의해 별도 근로조건에 의한 촉탁근로자로 재고용하여 사용하는 경우에는 종전 고용관계가 이미 종료되고 새로운 고용관계가 성립되었다고 할 것이므로, 해당 근로자의 퇴직금 및 연차유급휴가 가산일수 산정을 위한 계속근로연수의 기산일은 재고용된 날로 본다.[185]

정년퇴직에 따른 퇴직금 등의 금품을 청산하지 아니하고 취업정년을 연장하여 사용하는 경우에는 계속근로연수의 기산일은 최초 입사일을 기준으로 한다.

3) 퇴직 후 재입사

가) 계속근로연수 통산 판단기준

근로자가 퇴직 후 퇴직금을 정산하고 바로 재입사하여 실질적으로 계속적인 근로관계를 유지하는 경우에 근로관계의 단절 여부, 퇴직 전·후의 두 기간을 통산하여 계속근로연수를 산정하여야 할 것인지의 여부는 민법 일반원칙에 따라 판단하여야 할 것이다. 즉 퇴직금을 미리 정산하는 일련의 과정이 당해 근로자의 자유

184) 대판 1986. 10. 28. 86다카1347
185) 1987. 4. 7. 근기 01254-5661

로운 의사와 선택에 따른 경우에는 진의 의사표시에 해당하고 중간퇴직 효력이 발생하여 전·후의 근로관계는 단절되지만, 당해 근로자의 자유로운 의사와 선택에 반하는 경우에는 비진의 의사표시에 해당하고 중간퇴직 효력이 발생되지 않아 전·후의 근로관계는 계속근로로 본다.

　근로자가 스스로의 필요나 판단에 따라 자유로운 의사에 기하여 사용자에게 사직서 등을 제출하고 이에 따라 기업으로부터 소정의 퇴직금을 정산하여 지급받은 경우에는 사직서 등의 제출이 사용자의 일방적인 경영방침에 따라 어쩔 수 없이 이루어지거나 단지 형식적으로 이루어진 것으로 볼 수 없다. 당해 기업과 근로자의 근로관계는 일단 유효하게 단절되고, 이 경우 근로자가 당해 기업에 종전의 근무경력을 인정받고 곧바로 재입사하여 근무하다가 퇴직하였다 하더라도 퇴직금 산정의 기초가 되는 계속근로연수를 산정할 때에는 재입사한 때부터 기산한다.[186] 연차유급휴가 산정의 기초가 되는 계속근로연수를 산정할 때도 마찬가지다.

　나) 진의 의사표시에 해당

　근로자가 퇴직하고 바로 재입사했을 때 근로관계 단절로 볼 수 있는 경우라 함은 당해 근로자의 자유로운 의사와 선택에 의하여, 그리고 이를 확실하게 하기 위하여 근로기준법상 제반 문제는 거론치 않기로 각서까지 쓰면서 퇴직금을 수령·퇴직하고 재입사한 경우와 같이 중간퇴직이 진의 의사표시에 해당할 때다. 이 경우는 퇴직금 및 연차유급휴가 산정을 위한 계속근로연수가 단절된다고 할 수 있다. 모든 근로조건 처우에서 신규 근로자와 같이 취급·처리하여도 무방하다.

　① 근로자가 목돈이 필요한 경우처럼 일신상 사유로 인하여 사직원을 제출하고 그동안의 근속기간에 따른 퇴직금을 수령하는 한편 그때까지의 근로계약에 기한 제반 청구권을 포기하는 의사표시를 하였다면 그 다음 날 재입사하여 계속근무하였다 하더라도 당해 근로자의 퇴직금 산정의 기초가 되는 계속근로연수 기산일

---

186) 대판 2001. 9. 18. 2000다60630

은 최초 입사일이 아니라 재입사일이다.[187]

② 인사규정상 1직급에서 5직급까지 있는 회사에서 1직급 근로자 등의 요구에 따라 회사에 근무한 공로를 인정하여 1직급에서 승진기간 4년을 근무하였던 자들에게는 즉시 2직급으로 승진시키면서, 그 필요재직연수에 미달한 자에 대하여는 4년을 충족시킨 뒤에 인사규정에 따라 심사를 받아 2직급으로 승진시키든지, 아니면 당시 1직급에서 사직하여 회사와의 고용관계를 일단 청산한 후 2직급 정식근로자로 재입사할 것인지를 선택하도록 하여, 당해 근로자가 후자의 방법을 택하기로 하여 그때까지의 퇴직금을 수령하고 회사를 퇴직하여 2직급 근로자로 재입사한 경우에도 위 퇴직은 당해 근로자의 진의에 의한 퇴직이라 할 수 있다.[188]

③ 특수직 직원으로 근무하던 근로자가 근로조건 등이 유리한 일반직 직원으로 환직하기 위하여 환직고시에 자발적으로 응시하여 합격한 후 일반직 직원으로 신규 채용되어 특수직 근무기간에 상응하는 퇴직금까지 지급받은 경우 종전의 근로관계가 일단 단절되었다고 보아야 한다.[189]

④ 근로자가 해외근무를 선택하여 사직서를 제출하고 퇴직금을 수령한 후 해외근무를 마치고 재입사했다면 그 사직서 제출이나 해외근무 종료는 근로자가 스스로 선택한 바에 따른 것으로서, 회사와 근로자 간의 근로관계는 근로자의 사직서 제출에 기한 퇴직조치와 소정의 퇴직금을 지급함으로써 일단 단절되고 장기근속 표창이나 경력 등에 있어 해외근무기간을 통산하였다고 하여 그 결론이 달라지는 것이 아니므로 재입사 이후 퇴직금 산정의 기초가 되는 계속근로연수를 산정할 때 재입사한 때부터 기산하여야 한다.[190]

다) 비진의 의사표시에 해당

사용자가 퇴직금 지급률이 누진적으로 높아지는 누진제에 의한 퇴직금 지급부

---

187) 대판 1991. 5. 28. 90다20398
188) 대판 1992. 5. 22. 92다2295
189) 대판 1996. 9. 6. 95다29932
190) 대판 1996. 7. 9. 96다12535

담을 경감하기 위하여 중간퇴직금을 지불할 목적으로 퇴직 및 재입사 형식을 이용하는 경우[191]와 법인체가 기업 내에서 배치전환을 하는 경우[192]가 비진의 의사표시 또는 통정허위표시의 대표적인 사례다.

근로자가 본인 요구에 의한 것이 아니고 회사 경영방침에 따라 사직원을 제출하고 회사가 이를 받아들여 퇴직처리를 하였다가 즉시 재입사하는 형식을 취함으로써 근로자가 그 퇴직 전후에 걸쳐 실질적인 근로관계 단절 없이 계속근무하였다면 그 사직원 제출은 근로자가 퇴직할 의사 없이 퇴직의사를 표시한 것으로서 비진의 의사표시에 해당한다. 재입사를 전제로 사직원을 제출케 한 회사 또한 그와 같은 진의가 아님을 알고 있었다고 봄이 상당하다 할 것이므로, 사직원 제출과 퇴직처리에 따른 퇴직의 효과는 생기지 않는다.[193] 이 경우 당해 근로자가 실제 퇴직 시에는 최초 입사일로부터 계속근로연수를 합산하여 퇴직금을 산정한 후 기지급된 퇴직금을 공제한 차액금액을 실제 퇴직금으로 추가 지급하여야 한다. 중간퇴직 처리가 무효로 되었을지라도 사용자가 근로자에 대하여 이미 지급한 중간퇴직금에 대하여 지급일 다음 날부터 최종 퇴직 시까지의 연 5푼의 비율에 의한 법정이자 상당액을 부당이득으로 청구하거나 실제 퇴직금에서 공제할 수 없다.[194]

4) 고용형태의 변경

임시직·임시고용원·촉탁직 또는 일용직으로 채용되어 근무하다 중간에 비록 사직 형식을 취하는 등 근로관계 단절을 위한 조치를 취한 후 정규직 또는 일반직으로 임명되어 공백기간 없이 계속근무한 경우에 근속기간 중에 근로제공 형태의 변경이 있더라도 임시직 등의 근무기간과 정규직의 근무기간을 통산한 기간을 퇴직금 산정의 기초가 되는 계속근로연수로 보아야 한다.[195]

---

191) 대판 1990. 11. 27. 89다카15939, 대판 1993.1.15. 92다37673
192) 대판 1997. 11. 25. 97다18899
193) 대판 2005. 4. 29. 2004두14090
194) 대판 2001. 4. 24. 99다9370
195) 대판 1995. 7. 11. 93다26168

형식적인 퇴직 후 재입사 절차를 거친 경우, 즉 일용직 신분에서 정규직으로 승직된 경우에 일용직 신분을 계속 유지하고 있는 상태에서 정규직 채용절차를 밟아 채용이 확정된 이후 사직서를 제출한 것이라면 이는 내부적인 절차 및 기준에 따라 일용직에서 정규직으로 변경된 것이라고 볼 수 있어 퇴직금 계산을 위한 계속근로연수는 실제로 근로를 제공한 시점부터 기산하여야 한다.[196]

그러나 당해 근로자의 자유로운 의사와 선택에 따라 일용직 사직 의사표시를 하고 사용자의 사직수리가 이루어진 이후에 정규직으로 입사절차를 거치는 경우에는 사직 의사표시는 진의의 의사표시에 해당되므로 그 이후 퇴직금을 산정함에 있어서 계속근로연수는 고용형태 변경시점부터 새로 기산하여도 무방하다.

그런데 이와 관련하여 노동실무상 가장 문제가 되는 것은 일정한 공백기간을 두고 퇴직금을 중간정산하지 않은 채 임시직 등에서 정규직으로 신분 변동하는 경우 근로관계의 단절로 볼 것이냐 아니면 하나의 근로관계로 보아야 하느냐다.

일반적인 기준을 제시하기는 어렵다. 사안에 따라 구체적·객관적으로 따져 사회통념상 단절로 인정될 만한 합리성이 있는지에 따라 판단해야 한다. 판례에서는 임시직으로 채용되어 1년간 근무하다가 해임된 후 1개월 후에 다시 정규직 근로자로 채용된 경우에는 고용관계가 계속되었다고 볼 수 없다고 본 사례가 있다.[197]

근로기준법 적용대상인 일용근로자가 지방공무원법에 의한 고용직 공무원으로 임명됐다면 공무원으로 임명되기 전날에 일용근로자로서 퇴직하였다고 본다. 퇴직금은 일용근로자로서 퇴직할 당시의 평균임금 및 근무기간만을 기준으로 산정하여야 하고, 신분변동으로 인해 공무원으로 근무한 기간에 대하여는 별도로 공무원연금법 규정에 의한 보호를 받게 된다.[198]

사원으로 입사한 후 상법상 이사나 감사 등 회사 임원으로 승진한 경우에도 입사일로부터 임원으로 취임하기 전날까지의 근속기간만을 기준으로 계속근로연수를 계산하여야 한다.

---

196) 2000. 11. 14. 임금 68207-581
197) 대판 1979. 11. 13. 79다1397
198) 대판 2001. 2. 9. 2000다21512, 대판 2000. 11. 10. 2000다19441

5) 계열사 간 인사이동
가) 유효한 전적

계열기업 사이의 근로계약관계 변경, 즉 전적은 동일기업 내의 인사이동인 전근이나 전보와는 달리 종전에 종사하던 기업과 새로 종사하게 된 기업은 각각 독립된 법인격을 가지고 있으므로 근로자가 한 회사로 전보되면 종전에 종사하던 회사와의 근로관계는 종료되고 새로 근무하게 될 회사와의 근로관계가 형성되는 것이다. 전적은 종전기업과의 근로관계를 합의해지하고 이적하게 될 기업과의 사이에 새로운 근로계약을 체결하는 것이므로, 원칙적으로 근로자 동의가 필요하다. 근로자가 전적명령에 응하여 종전기업에 사직서를 제출하고 퇴직금을 수령한 다음 이적하게 될 기업에 입사하여 근무하였다면 특별한 사정이 없는 한 이는 전적 동의를 전제로 한 행동으로 보아야 한다.

이와 같이 유효한 전적이 이루어진 경우 당사자 사이에 종전 기업과의 근로관계를 승계하기로 하는 특약이 있거나, 이적하게 될 기업의 취업규칙 등에 종전기업에서의 근속기간을 통산하도록 하는 규정이 있는 등의 특별한 사정이 없는 한 당해 근로자의 종전기업 근로관계를 승계하는 것은 아니다.[199]

따라서 단체협약이나 취업규칙 또는 근로계약 등 당사자 간에 특약이 없는 한 각 기업별로 구분하여 퇴직금 산정의 기초가 되는 계속근로연수를 계산하여야 한다.[200] 각 법인의 대표자가 동일인이라도 마찬가지다.[201]

법인격을 달리하는 계열기업 사이에 한 회사에서 퇴직하여 퇴직금을 수령받고 다른 회사로 입사하였다면 이를 가리켜 입사와 퇴직 형식을 취하였으나 공백기간 없이 계속근무한 경우라고는 할 수 없고, 형식상은 물론 법률상으로도 사실상 한 회사에서 퇴직하고 다른 회사에 입사한 것이라고 판단하여야 할 것이다.[202] 또한 종전 회사 근무기간을 포함시켜 직급과 호봉을 산정하고 근속상을 수여하였다

註 199) 대판 1998. 12. 11. 98다36924
200) 1987. 5. 21. 근기 01254-8230
201) 1980. 9. 15. 법무811-23841
202) 대판 1984. 6. 26. 84다카90

하더라도 달리 볼 것은 아니며,[203] 연차유급휴가일수를 산정함에 있어 전체 근무기간을 계속근로연수로 인정하여 주었다고 하더라도 연차유급휴가일수의 산정과 퇴직금 산정에서의 근속기간 인정은 별개이므로, 퇴직금을 산정할 때 전체 근무기간을 통산하여 인정하지 않아도 무방하다.[204]

나) 근로자 자의가 아닌 회사 경영방침에 의한 경우

근로자가 모회사로부터 자회사로, 다시 자회사로부터 모회사로 전출되는 경우에 근로자가 자의에 의하여 계속근로관계를 단절할 의사로써 모회사 또는 자회사에 사직서를 제출하고 퇴직금을 받은 다음 자회사 또는 모회사에 다시 입사하였다면 전자와의 근로관계는 일단 단절될 것이지만, 그것이 근로자 자의에 의한 것이 아니라 모회사 경영방침에 의한 일방적인 결정에 따라 퇴직과 재입사 형식을 거친 것에 불과하다면 이러한 형식을 거쳐 퇴직금을 받았더라도 근로자에게 근로관계를 단절할 의사가 있었다고 할 수 없고 따라서 계속근로관계가 단절되지 않는다.[205]

다) 전출

전출이라 함은 근로자가 원래 고용된 기업에 소속해 있으면서 파견 등의 처분에 따라 계열사 등 다른 기업으로 옮겨 그 지휘·감독 아래 업무에 종사하는 것을 말한다. 근로자가 다른 계열사 등에 파견되어 근무한 기간 동안에도 원래 소속한 기업과의 근로관계가 계속되는 것이 원칙이다.

다만 근로자가 전출되는 형식을 취하면서 자의에 의하여 사직서를 제출하고 퇴직금을 받은 다음 자회사 또는 모회사에 새롭게 입사하였다면, 이는 실질적으로 앞서 살펴본 전적이 이루어진 것으로 보아야 하고, 원칙적으로 근로관계가 단절된다.

203) 대판 1996. 5. 10. 95다카42270
204) 대판 1997. 9. 30. 97다6332
205) 대판 1997. 3. 28. 95다51397

6) 기업의 양도·양수

가) 계속근로연수 통산·단절 판단기준

영업의 양도라 함은 일정한 영업목적에 의하여 인적·물적 조직의 동일성을 유지하면서 일체로서 이전하는 것을 말한다. 영업이 포괄적으로 양도되면 양도인과 근로자 간에 체결된 근로계약도 양수인에게 승계된다.[206] 양도·양수 회사 간에 포괄승계 합의 시에 근로자 퇴직금 산정기간에 한하여 종전 근속기간은 승계회사 근속연수에 산입하지 않기로 하는 단서조항을 삽입하였다 하여도, 이는 종전 근로계약관계를 포괄적으로 승계하면서 근속기간에 관한 근로자 기득권을 제한하는 예외조항을 설정한 것이므로, 근로자 동의가 없는 한 근로자에게 구속력이 미치지 않는다.[207]

기업이 사업부문의 일부를 다른 기업에 양도하면서 그 물적 시설과 함께 양도하는 사업부문에 근무하는 근로자들의 소속을 변경시킨 경우에는 원칙적으로 해당 근로자들의 근로관계가 양수하는 기업에 승계되어 그 계속성이 유지되는 것이다. 근로자가 자의에 의하여 계속근로관계를 단절할 의사로써 사업을 양도하는 기업에 사직서를 제출하고 퇴직금을 받은 다음 사업을 양수하는 기업에 입사하였다면 계속근로관계가 단절된다 할 것이지만, 그것이 근로자 자의에 의한 것이 아니라 사업을 양도·양수하는 기업의 경영방침에 의한 일방적인 결정에 따라 퇴직과 재입시 형식을 거친 것에 불과하면, 이러한 형식을 거쳐 퇴직금을 받았더라도 근로자에게 근로관계를 단절할 의사가 있었다고 할 수 없으므로 계속근로관계가 단절되지 않는다.[208]

나) 계속근로연수 통산·단절 판단사례

영업양도에 의하여 근로계약관계가 포괄승계됨에 있어 근로자가 자의에 의하여 사직서를 제출하고 퇴직금을 받았다면 계속근로 단절에 동의한 것으로 볼 여지가

---

206) 대판 1991. 8. 9. 91다15225
207) 대판 1991. 11. 12. 91다12806
208) 대판 2005. 2. 25. 2004다34790

있지만, 이와 달리 양도회사가 근로자에게 퇴직금을 지급하기 위한 방편으로 당해 근로자의 요구를 구하지 아니하고 내부적으로 퇴사와 재입사 형식을 취한 것에 불과하다면 이러한 형식을 거쳐 퇴직금을 지급받았다고 근로자가 계속근로 단절에 동의하였다고 볼 수 없다.[209] 근로자가 최종적으로 사업을 양수한 기업에서 퇴직하면 그 기업은 사업을 양도한 기업에서의 근속기간을 포함한 근속연수에 상응하는 퇴직금에서 이미 지급된 퇴직금을 공제한 나머지를 지급할 의무를 지게 된다.[210]

그런데 양도되는 회사를 퇴직하여 퇴직금을 수령하고 재입사 절차를 거쳐 근속연수가 재입사일로부터 기산되도록 할 것인지, 아니면 그때 퇴직금을 수령하지 아니하고서 후에 양수하는 회사에게 퇴직할 때에 양도되는 회사에서의 근로기간까지도 합산된 근속연수에 상응하는 퇴직금을 수령할 것인지를 결정하도록 하는 설문지를 배부받고서 전자를 선택하여 그때까지의 퇴직금을 정산받았다면 기존 근로계약관계가 유효하게 해지되었다고 할 것이므로 양도회사에서의 근속기간을 포함하지 않아도 된다.[211]

7) 기업의 합병·분할
가) 계속근로연수 통산·단절 판단기준

기업의 인적·물적 조직이 흡수 통합되거나 조직변경이 있었다 하더라도 그 기업 자체가 폐지됨이 없이 동일성을 유지하면서 존속되고 있는 한 이는 경영주체의 교체에 불과하여 근로관계는 새로운 경영주체에게 승계된다. 근로관계가 포괄승계됨에 있어 근로자가 자의에 의하여 사직서를 제출하고 퇴직금을 받았다면 계속근로 단절에 동의한 것으로 볼 수 있지만 그것이 근로자 자의에 의한 것이 아니라 기업 경영방침에 의한 일방적인 결정에 따라 퇴직과 재입사 형식을 거친 것에 불과하

註 209) 대판 2001. 11. 23. 2000다18608
210) 대판 2005. 2. 25. 2004다34790
211) 대판 1991. 5. 28. 90다16801

다면 이러한 형식을 거쳐 퇴직금을 받았더라도 근로자에게 근로관계를 단절할 의사가 있었다거나 계속근로 단절에 동의하였다고 볼 수 없어 실질적 근로관계는 단절됨이 없이 계속된다고 보아야 한다.[212]

　기업의 일부가 분리 독립하여 새로운 회사가 설립되었다 하더라도 신설회사와 구 회사 사이에 기업 동일성을 유지하고 있다면 신설회사가 구 회사와는 별개 독립 법인체로서 그 권리·의무를 포괄승계하지 않는 경우라 할지라도 구 회사에 속한 근로자의 근로관계는 신설회사에 포괄승계되어 근로의 계속성이 유지된다.[213] 또한 인적조직 및 물적시설을 해체함이 없이 동일성을 유지하면서 계열회사에 이관하고 그에 따라 그 소속 근로자들이 회사 방침에 의하여 중간퇴직을 하고 퇴직금을 수령한 후 신규입사 절차를 밟은 경우라 하더라도 그 중간퇴직은 통정허위표시로 무효임으로 당해 근로자는 근로의 계속성이 유지된다고 할 것이다.[214]

　나) 계속근로연수 통산·단절 판단사례

　근로자들이 기업의 합병으로 소멸하는 회사에서 퇴직금을 정산하여 받고 합병회사에 입사하면서 장차 퇴직할 때에는 합병회사 근무기간만을 기초로 하여 퇴직금을 받기로 결론을 같이하여 퇴직금을 수령한 경우 근로자 각자의 자유로운 의사와 이해득실을 고려한 결정에서 이루어지고 당시 사정에 비추어 근로자들에게 어떤 불이익이나 불리한 대우를 한 것이라기보다 오히려 이익이 되고 도움이 되며, 이로 인하여 근로기준법을 잠탈할 목적이 있다든가 신의칙이나 사회정의 형평에 반한 것이라는 비난 가능성이 인정되지 아니하는 이상, 근로자들의 퇴직 의사표시는 근로자들에게 소멸하는 회사에서 퇴직하여 그 근로관계를 단절하려는 의사가 있었다고 할 것이고, 통정한 허위의 의사표시라고 볼 수 없으므로 소멸하는 회사 근무기간은 계속근로연수에 통산하지 않아도 될 것이다.[215]

212) 대판 1999. 6. 11. 98다18353
213) 대판 1997. 6. 11. 98다18353
214) 대판 1997. 6. 27. 96다49674
215) 대판 1991. 12. 10. 91다12035

예컨대 회사가 합병하면서 소속 근로자에게 합병 취지를 설명하고 퇴직금 지급을 청구하는 자에 한하여 합병 전날까지의 퇴직금을 지급하되, 근속연수 기산점은 그대로 두고 중간정산하는 퇴직금을 지급하는 것으로, 이를 청구하지 않는 자에 대하여는 청구의사가 없는 것으로 보아 합병 후의 회사에 자동으로 근속관계가 승계되어 나중에 퇴직할 때 합병 전 회사에서의 근로기간까지도 합산된 근속연수에 상응하는 퇴직금을 수령하게 된다는 취지의 공고를 했다. 그중 어느 것을 자유로이 선택하도록 기회를 부여하였고, 이에 따라 근로자가 사직서를 제출함과 함께 현 시점에서 퇴직금을 수령하는 것이 본인에게 유리하다고 판단하여 퇴직금을 청구하면서 퇴직하고 그 다음 날 합병 후 회사에 신규 입사한 경우, 이는 합병 전 회사와의 근로관계를 종료시키려는 근로자 스스로의 진정한 의사에 터잡은 것이라 할 것이므로 근로자들의 사직 의사표시는 진의 의사표시에 해당하여 합병 전·후 근로관계가 단절된다.[216]

8) 폐업 후 회사 신설 및 회사 청산 과정에서의 재채용

신설회사가 종전 회사와 실체에 있어서는 동일한 회사로서 경영상 필요에 의하여 회사 명칭과 조직이 신설회사로 변경된 경우에 불과하다면 근로자가 신설회사 설립과 함께 같은 회사 근로자로 편입하면서 종전 회사를 퇴직하고 신설회사에 신규입사하는 형식적 절차를 밟았다 하더라도 두 회사를 통하여 근로관계 단절 없이 계속근로를 제공하여 온 이상 퇴직금 산정의 기초로서 계속근로연수는 종전 회사 재직기간까지를 통산한 기간이라 할 것이다.[217]

반면 사용자가 경영 사업체를 폐업하고 소속 근로자를 해고하는 것은 그것이 노동조합 단결권 등을 방해하기 위한 위장폐업이 아닌 한 원칙적으로 기업경영 자유에 속하는 것으로서 유효하므로 그로써 사용자와 근로자와의 근로관계는 종료된다.

---

216) 대판 1999. 1. 26. 98다46198
217) 서울민사지판 1991. 2. 21. 90가합56543

사용자가 사업체를 폐업한 후 동일 장소에 동일 사업을 재개하여 근로자를 다시 입사시켰다 하더라도, 해고 이전 근로기간을 퇴직금 산정에 포함시키기로 하였다고 볼 특별한 사정이 없는 한 근로관계는 다시 입사한 날로부터 새로 성립된다. 이후 퇴직 시 퇴직금 산정의 기초가 되는 계속근로연수는 다시 입사한 날로부터 기산한다.[218]

사업의 폐지를 위하여 해산한 회사가 그 청산 과정에서 근로자를 정당하게 해고한 경우에는 사용자인 회사와 근로자 사이의 근로관계는 일단 종료된다. 청산 중의 회사가 청산업무 등을 수행하게 하기 위하여 해고된 일부 근로자를 다시 채용하였다고 하더라도 특별한 사정이 없는 한 근로관계는 그때부터 새로 성립되는 것이므로 다시 채용된 이후 퇴직금 산정의 기초가 되는 계속근로연수는 다시 채용된 날부터 기산하여 산정하여야 한다.[219]

9) 회사 부도 이후의 기간

회사 부도로 대표이사가 부재(구속) 상태에서 퇴직근로자들 중 일부가 그 대표를 뽑아 사원대책위원회를 구성하고, 사원대책위원회가 근로자들과 별도 근로계약을 체결하여 회사 대표가 복귀할 때까지 회사를 운영한 경우에는 사원대책위원회의 행위가 법인의 행위로 간주할 수 있어야 동 기간을 퇴직금 산정 시 계속근로연수에 포함시킬 수 있다.

사원대책위원회의 회사 운영 등에 있어 대표이사 등 권한 있는 자의 사전위임이나 사후조치 등이 있었다면 대표이사가 복귀하여 당해 근로자들과 근로계약을 다시 체결하였다 하더라도 이는 단순히 기존 법인과의 근로계약을 경신한 것에 불과할 것이므로 사원대책위원회의 소속기간도 퇴직금 산정 시 계속근로연수에 포함해야 한다. 사원대책위원회가 회사 운영에 관한 위임이나 추인을 받지 않고 회사 시설물을 이용하여 임의로 운영했다면 법인의 행위로 볼 수 없으므로 계속근로연

---

218) 대판 1995. 10. 12. 94다52768
219) 대판 2002. 11. 26. 2001다36504

수에 포함되지 않는다.[220]

(나) 계속근로연수로 통산되는 기간 산입 여부

1) 수습·시용기간
가) 원칙

수습은 정식 채용 후에 근로자 직업능력 양성 또는 교육을 목적으로 설정된다. 입사 후 수습기간은 계속근로연수에 합산한다.[221] 정식채용을 전제로 하여 직업능력과 기업 적응성을 판단하기 위한 시험적인 근무기간인 시용기간도 수습기간에 준하여 계속근로연수에 포함한다.

나) 사업 내 직업훈련

사업 내에서 직업훈련이 행하여지는 경우 훈련생은 당해 사업장에 고용되어 있는 근로자가 아니고 장차 취업할 의사를 가진 자로서 근로기준법상 근로자라 할 수 없으므로, 훈련생이 직업훈련을 수료한 후 그 사업장에 취업하였더라도 이러한 직업훈련기간은 퇴직금 산정의 기초가 되는 계속근로연수에 포함되지 않는다.[222] 그러나 직업훈련기본법에 의한 직업훈련이 고용근로자를 대상으로 한다면 그 훈련기간은 계속근로연수에 포함된다.

2) 군복무로 인한 휴직기간

군복무기간 중 근로자 신분은 병역법에 규정되어 있다. 구 병역법 7조2항은 군인이 실역복무를 마치고 종전에 근무하던 직장에 복직한 경우에는 실역에 복무한 기간을 실무에 종사한 기간으로 본다고 규정하고 있었으나, 현행 병역법 74조1·2항은 징집·소집에 의한 입영 등으로 휴직한 사람에 대하여는 복무를 마치면 복직

---

220) 1994. 9. 23. 근기68207-14946
221) 1985. 11. 29. 근기 01254-21592
222) 1987. 2. 7. 근기 01254-2935

시켜야 하고 승진에서 의무복무기간을 실제근무기간으로 산정하여야 한다고 규정하고 있을 뿐이다.

따라서 군복무기간을 퇴직금 산정 시 계속근로연수에 산입할 것인가에 대하여는 개정된 병역법이 시행되기 전인 1970년 12월 31일까지는 군복무로 인한 휴직기간을 계속근로연수에 포함시켜야 하고, 개정된 병역법이 시행된 1971년 1월 1일부터는 노사 간 별단의 약정이 없는 한 군복무로 인한 휴직기간을 퇴직금 산정의 기초가 되는 계속근로연수에 산입할 수 없다.[223]

다만 공무원과 사립학교 교직원의 경우에는 해석상 군복무기간이 모두 재직기간으로 산입된다(공무원연금법 23조5항2호, 사립학교교직원 연금법 31조3항).

3) 사용자 귀책사유 휴업기간 및 업무상 상병 요양기간

근로자 재직 중에 휴업한 기간이 있다 하더라도 그러한 기간은 원칙적으로 모두 계속근로연수에 포함된다고 보아야 한다. 즉 기업의 경영난 등 사용자 귀책사유로 인하여 휴업한 기간[224]이나 업무상 부상 또는 질병으로 요양치료를 위하여 휴업한 기간,[225] 그리고 어느 누구의 책임으로 돌릴 수 없는 불가항력적인 사유로 인하여 휴업한 기간의 경우에도 근로관계가 중단되어 있거나 해지되어 있다고 보기 어려우므로 이는 퇴직금 산정의 기초가 되는 계속근로연수에 포함한다.

4) 근로자 귀책사유 휴직기간과 정직기간

근로자가 계속 그 적을 보유하여 근로관계를 유지하고 있는 한 개인질병 또는 근로자 귀책사유로 인한 휴직기간도 퇴직금 산정의 기초가 되는 계속근로연수에 포함된다.[226] 그리고 근로자 귀책사유에 의하여 제재로서 처분된 징계정직기간도 사용종속관계가 유지되는 한 퇴직금 산정의 기초가 되는 계속근로연수에 포함된

---

223) 대판 1993. 1. 15. 92다41986
224) 1980. 2. 22. 법무 822-4356
225) 1987. 3. 31. 근기 01254-5206
226) 1993. 5. 27. 임금 68207-326

다.[227] 결근기간도 결근으로 인하여 해고되지 않은 이상 마찬가지다.[228]

5) 부당해고기간

가) 부당해고로 노동위원회의 판정 및 법원의 해고무효확인 판결을 받은 경우

근로자 해고조치는 부당해고 또는 부당노동행위로서 노동위원회의 판정을 받거나 법원의 해고무효확인의 판결을 받았다면 당연히 무효가 된다. 당해 근로자에 대하여는 해고 전의 신분으로의 원상복귀와 해고기간 중의 임금전액을 지급해야 함은 물론 부당하게 해고된 기간도 퇴직금 산정 시 계속근로연수에 합산해야 한다.

나) 예외

노동위원회의 부당해고 판정으로 복직시킨 이후 노동위원회의 판정에 대한 불복절차로서 행정소송을 제기한 결과 정당해고라는 판정을 받게 되자 이에 따라 또다시 당해 근로자를 퇴직시킨 경우에는 별도 특약이 없다면 해고기간을 계속근로연수에 포함하지 않아도 된다. 다만 복직 이후 기간에 대하여는 별도로 계산하여야 한다.[229]

나. 평균임금

법정퇴직금은 근로자의 계속근로연수에 퇴직 당시 평균임금의 30일분을 곱하여 산출한다. 30일분 평균임금은 퇴직일 이전 3개월 동안 받은 임금총액을 그 기간의 총일수로 나누어 산정된 평균임금에 30일을 곱하여 계산한다.

판례는 퇴직금 규정은 사용자의 출연으로 퇴직금을 지급할 것을 명한 강행규정이라 할 것이므로 퇴직금은 항상 그 전액을 사용자가 출연하여야 할 것인 바, 이와 같은 퇴직금 출연에 있어 예측가능성을 기하기 위하여 퇴직금 산정의 기초인 평균

---

227) 1994. 2. 21. 근기 68207-356
228) 1983. 10. 11. 근기 1451-25560
229) 1998. 9. 28. 근기 68207-2463

임금은 근로자가 얻는 총수입 중 사용자가 관리 가능하거나 지배 가능한 부분에 한정된다고 본다.[230]

 관/련/판/례

택시운전사들이 하루의 운송수입금 중 사납금 등을 납입하고 남은 금액을 개인 수입으로 자신에게 직접 귀속시킨 경우, 그 개인 수입 부분의 발생 여부나 그 금액 범위 또한 일정하지 않으므로 운송회사로서는 택시운전사들의 개인 수입 부분이 얼마가 되는지 알 수도 없고 이에 대한 관리가능성이나 지배가능성도 없다고 할 것이어서 택시운전사들의 개인 수입 부분은 퇴직금 산정의 기초인 평균임금에 포함되지 않는다고 본 사안
〈대법원 1998. 3. 13. 선고 95다55733 판결〉

다. 퇴직금 지급률

퇴직급여법상 법정퇴직금은 계속근로연수 1년에 "30일분"의 평균임금을 곱하여 산출한다. 그러나 퇴직급여법 8조1항에 위반하지 않는 한 취업규칙이나 단체협약에 누진제율 등 이와 다른 방식의 퇴직금 지급률을 정할 수 있다.

퇴직급여제도를 설정하는 경우 하나의 사업에서 급여 및 부담금 산정방법 적용 등에 관하여 차등을 두어서는 안 된다(퇴직급여법 4조2항).

직류나 직종별로 다른 퇴직금 지급률을 정한 것이 퇴직금 차등제도 설정금지의 원칙과 무관하게 유효하게 적용될 수 있는 때에는 계속근무기간의 중간에 직류변경이 있고 직류에 따라 퇴직금 지급률에 차이가 있는 경우의 퇴직금 산정방법에 관하여 취업규칙이나 단체협약에 규정이 있고 그것이 퇴직급여법 4조1항의 규정에 위반하지 않는 한 그 규정에 따르면 적법하다. 반면 그와 같은 별도 규정을 두지 않은 경우에는 퇴직자의 근무기간 중 직류변경에도 불구하고 계속근무하여 온 전 기간을 계속근로기간으로 보고, 퇴직금 계산의 기초가 되는 평균임금도 직류

[230] 대판 1998. 3. 13. 95다55733

변경 후인 퇴직 시 평균임금을 기준으로 하여 퇴직금을 계산하여야 하고, 그 지급률도 마땅히 퇴직 당시 직류의 지급률로 하여야 한다.[231]

3. 퇴직금 중간정산

가. 퇴직금 중간정산제의 의의

퇴직금은 근로자가 퇴직할 때 지급하는 것이 원칙이다. 그러나 사용자는 주택구입 등 대통령령으로 정하는 사유로 근로자가 요구하는 경우에는 근로자가 퇴직하기 전에 해당 근로자의 계속근로연수에 대한 퇴직금을 미리 정산하여 지급할 수 있다. 이 경우 미리 정산하여 지급한 후의 퇴직금 산정을 위한 계속근로연수는 정산 시점부터 새로 계산한다(퇴직급여법 8조2항).

주택구입 등의 정산사유가 존재하고 근로자 요구가 있어야만 퇴직금 중간정산을 할 수 있다. 퇴직금은 원칙적으로 퇴직이라는 사유가 발생했을 때 지급하는 정지조건부 채권의 성격을 가진다. 그 조건을 만족하지 않는 한 청구권이 발생하지 않으나, 예외적으로 퇴직 이전에도 중간정산 사유와 요건을 구비하면 과거에 근로한 기간에 대한 퇴직금을 미리 지급할 수 있도록 했는데, 이를 퇴직금 중간정산제라 한다.

나. 퇴직금 중간정산의 유효요건

퇴직금 중간정산제에 의한 퇴직금 지급이 적법·유효하려면 특별사유가 존재하여야 하고 일정 요건을 갖추어야 한다.

---

[231] 대법원 1995. 7. 11. 93다26168 전원합의체 판결

(1) 중간정산의 사유 존재

퇴직금 중간정산 사유는 다음과 같다(퇴직급여법 시행령 3조1항).

〈퇴직급여법 시행령〉

1. 무주택자인 근로자가 본인 명의로 주택을 구입하는 경우
2. 무주택자인 근로자가 주거를 목적으로 「민법」 제303조에 따른 전세금 또는 「주택임대차보호법」 제3조의2에 따른 보증금을 부담하는 경우. 이 경우 근로자가 하나의 사업에 근로하는 동안 1회로 한정한다.
3. 6개월 이상 요양을 필요로 하는 다음 각 목의 어느 하나에 해당하는 사람의 질병이나 부상에 대한 요양 비용을 근로자가 부담하는 경우
   가. 근로자 본인
   나. 근로자의 배우자
   다. 근로자 또는 그 배우자의 부양가족
4. 퇴직금 중간정산을 신청하는 날부터 역산하여 5년 이내에 근로자가 「채무자 회생 및 파산에 관한 법률」에 따라 파산선고를 받은 경우
5. 퇴직금 중간정산을 신청하는 날부터 역산하여 5년 이내에 근로자가 「채무자 회생 및 파산에 관한 법률」에 따라 개인회생절차개시 결정을 받은 경우
6. 사용자가 기존의 정년을 연장하거나 보장하는 조건으로 단체협약 및 취업규칙 등을 통하여 일정 나이, 근속 시점 또는 임금액을 기준으로 임금을 줄이는 제도를 시행하는 경우 6의2. 사용자가 근로자와의 합의에 따라 소정근로시간을 1일 1시간 또는 1주 5시간 이상 변경하여 그 변경된 소정근로시간에 따라 근로자가 3개월 이상 계속근로하기로 한 경우
7. 그 밖에 천재지변 등으로 피해를 입는 등 고용노동부장관이 정하여 고시하는 사유와 요건에 해당하는 경우

(2) 중간정산의 요건 충족

퇴직금 중간정산을 받고자 하는 근로자의 별도 요구가 있어야 한다. 근로자의 서면요구를 말하며, 근로계약서 이외에 중간정산요구서 또는 신청서 등을 의미한다.

(3) 기왕의 계속근로연수

중간정산 대상기간은 중간정산 시점을 기준으로 기왕에 계속근로를 제공한 기간에 해당하여야 한다. 장래의 근속기간은 이에 해당하지 않으며, 근속기간이 1년 미만인 근로자는 법정퇴직금이 발생하지 않은 상태이므로 중간정산 대상자에 해당하지 않는다.

다. 퇴직금 중간정산제 시행방법

(1) 사유와 요건을 갖추어야 중간정산 가능

가) 중간정산제가 시행되기 위해서는 주택구입 등의 정산사유가 존재하여야 하고 근로자의 서면요구가 있어야 한다.

나) 근로자의 요구에 대하여 사용자가 반드시 응해야 할 의무가 있는 것은 아니다. 근로자가 퇴직금 중간정산을 요구하고, 사용자가 중간정산을 승낙함으로써 퇴직금 중간정산이 성립한다.[232] 원칙적으로 사용자는 근로자의 요구기간 중 일부 기간에 대하여만 일방적으로 중간정산을 실행할 수 없으나, 이러한 사용자의 중간정산 실행이 민법 534조의 변경을 가한 승낙으로서 새로운 청약에 해당하고, 근로자가 이를 아무런 이의 없이 수령함으로써 동의한 것으로 볼 수 있는 경우에는 그 중간정산이 실행된 일부 기간의 범위 내에서 중간정산이 성립한다.[233]

다) 중간정산제 실시와 관련하여 노사 간의 갈등을 예방하기 위해 사전에 중간정산의 사유와 요건, 신청 절차 등 합리적인 내부기준을 마련하여 시행하는 것이 바람직하다.

---

[232] 대판 2008. 2. 1. 2006다20542
[233] 대판 2008. 2. 1. 2006다20542

(2) 퇴직금 중간정산 단위기간의 문제

중간정산 단위기간은 제한이 없다. 10년 근속의 경우 3년 또는 5년을 단위기간으로 한 정산도 가능하며, 1년 5월이나 2년 6월을 단위기간으로 할 수도 있다.

(3) 누진제 퇴직금을 가지고 있는 사업체의 중간정산 문제

퇴직금 중간정산 이후 퇴직금 산정방법에 대해 노사 간 별도의 정함이 없는 경우 중간정산 이후 퇴직금 산정을 위한 계속근로연수는 정산 시점부터 새로 기산하여 퇴직금을 산정한다.[234]

가급적 중간정산 이후 퇴직금 산정방법을 정해 놓는 것이 바람직하다.

라. 중간정산 이후 퇴직금 관계

(1) 퇴직금 중간정산 이후 계속근로연수가 1년 미만인 근로자에 대한 퇴직금 지급 여부

중간정산 이후 퇴직금 산정을 위한 계속근로연수가 1년 미만인 경우에도 그 근로자의 전체 근로기간은 1년 이상이므로 근로자는 퇴직금을 지급받을 권리를 가진다. 그 기간에 대해서는 1년간의 퇴직금에 비례하여 퇴직금을 지급하여야 한다.

(2) 퇴직금 중간정산 이후 근로자의 근로조건 변동 여부

퇴직금 중간정산 이후 퇴직금 산정을 위한 계속근로연수는 정산 시점부터 새로

---

234) 퇴직 당시 전체 근속연수를 기준으로 하여 산정한 퇴직금 총액에서 미리 지급한 중간퇴직금에 연 5%의 법정이자를 가산하여 산정한 중간퇴직금의 현가액을 공제하는 방식으로 산정하여야 한다는 견해가 있다.

계산한다.

그러나 근로기간과 관련 있는 여타 근로조건(승진·승급·호봉·상여·연차유급휴가 등)의 산정에서는 변동이 없고, 최초 입사 시부터 계속근로연수가 통산된다.

한편 퇴직금 중간정산 이후 퇴직급여규정에서 정하고 있는 퇴직금 감액사유가 발생한 경우에는 사용자가 중간정산된 근로기간과 그 후 근로기간에 대하여 각각 감액규정을 적용하여 중간정산 퇴직금액과 최종 퇴직금액을 산정하고, 여기에서 이미 지급된 금액을 공제하여 퇴직금을 지급한다.[235]

마. 퇴직금 분할 약정의 효력[236]

(1) 효력

사용자와 근로자가 매월 지급하는 월급이나 매일 지급하는 일당과 함께 퇴직금으로 일정한 금원을 미리 지급하기로 약정(이하 '퇴직금 분할 약정')하였다면, 그 약정은 구 근로기준법(2005. 1. 27. 법률 제7379호로 개정되기 전의 것) 34조3항 전문 소정의 퇴직금 중간정산으로 인정되는 경우가 아닌 한 최종퇴직 시 발생하는 퇴직금 청구권을 근로자가 사전에 포기하는 것으로서 강행법규인 같은 법 제34조에 위배되어 무효다. 퇴직금 분할 약정에 따라 사용자가 근로자에게 퇴직금 명목의 금원을 지급하였다 하더라도 퇴직금 지급으로서의 효력이 없다.

(2) 부당이득 해당 여부

그런데 근로관계의 계속 중에 퇴직금 분할 약정에 의하여 월급이나 일당과는 별도로 실질적으로 퇴직금을 미리 지급하기로 한 경우 이는 어디까지나 위 약정이

---

235) 대판 2003. 5. 16. 2001다54977
236) 대판 2010. 5. 20. 2007다90760 전원합의체 판결

유효함을 전제로 한 것인 바, 그것이 위와 같은 이유로 퇴직금 지급으로서의 효력이 없다면, 사용자는 본래 퇴직금 명목에 해당하는 금원을 지급할 의무가 있었던 것이 아니므로, 약정에 의하여 이미 지급한 퇴직금 명목의 금원은 같은 법 18조 소정의 '근로의 대가로 지급하는 임금'에 해당한다고 할 수 없다. 이처럼 사용자가 근로자에게 퇴직금 명목의 금원을 실질적으로 지급하였음에도 불구하고 정작 퇴직금 지급 효력이 인정되지 아니할 뿐만 아니라 같은 법 18조 소정의 임금 지급으로서의 효력도 인정되지 않는다면, 사용자는 법률상 원인 없이 근로자에게 퇴직금 명목의 금원을 지급함으로써 위 금원 상당의 손해를 입은 반면 근로자는 같은 금액 상당의 이익을 얻은 셈이 되므로, 근로자는 수령한 퇴직금 명목의 금원을 부당이득으로 사용자에게 반환하여야 한다.

(3) 상계 여부

구 근로기준법(2005. 1. 27. 법률 제7379호로 개정되기 전의 것) 42조1항 본문에 의하면 임금은 통화로 직접 근로자에게 그 전액을 지급하여야 한다. 사용자가 근로자에 대하여 가지는 채권으로써 근로자의 임금채권과 상계를 하지 못하는 것이 원칙이다. 이는 경제적·사회적 종속관계에 있는 근로자를 보호하기 위한 것인 바, 근로자가 받을 퇴직금도 임금의 성질을 가지므로 역시 상계하지 못한다.

다만 계신 착오 등으로 임금을 초과 지급한 경우 근로자가 퇴직 후 그 재직 중 받지 못한 임금이나 퇴직금을 청구하거나, 근로자가 비록 재직 중에 임금을 청구하더라도 초과 지급한 시기와 상계권 행사의 시기가 임금의 정산, 조정의 실질을 잃지 않을 만큼 근접하여 있고 나아가 사용자가 상계의 금액과 방법을 미리 예고하는 등으로 근로자 경제생활의 안정을 해할 염려가 없는 때에는, 사용자는 초과 지급한 임금의 반환청구권을 자동채권으로 하여 근로자의 임금채권이나 퇴직금채권과 상계할 수 있다. 이러한 법리는 사용자가 근로자에게 이미 퇴직금 명목의 금원을 지급하였으나 그것이 퇴직금 지급으로서의 효력이 없어 사용자가 같은 금원 상당의 부당이득반환채권을 갖게 된 경우에 이를 자동채권으로 하여 근로자의 퇴직금채권과 상계하는 때에도 적용된다.

한편 민사집행법 246조1항5호는 근로자인 채무자의 생활보장이라는 공익적·사회적·정책적 이유에서 '퇴직금 그 밖에 이와 비슷한 성질을 가진 급여채권의 2분의 1에 해당하는 금액'을 압류금지채권으로 규정하고 있다. 민법 497조는 압류금지채권의 채무자는 상계로 채권자에게 대항하지 못한다고 규정하고 있다. 따라서 사용자가 근로자에게 퇴직금 명목으로 지급한 금원 상당의 부당이득반환채권을 자동채권으로 하여 근로자의 퇴직금채권을 상계하는 것은 퇴직금채권의 2분의 1을 초과하는 부분에 해당하는 금액에 관하여만 허용된다고 봄이 상당하다.

관/련/판/례

퇴직금 분할 약정 전원합의체 판결의 별개 및 반대의견

[효력 인정 및 부당이득 부정]

이른바 퇴직금 분할 약정에 따라 월급 또는 일당과 함께 또는 그에 포함되어 퇴직금 명목으로 근로자에게 지급되는 금원은, 첫째로 근로계약이 존속하는 동안에 지급되는 것이라는 점에서 퇴직금일 수 없고, 둘째로 그 약정에 따라 사용자가 지급의무를 져서 근로자에게 계속적·정기적으로 지급하는 것이지만 퇴직금은 아니라는 점에서 근로의 대가로 지급되는 임금의 일종이라고 볼 수밖에 없다. 퇴직금 분할 약정은 사용자가 근로자에게 매월 또는 매일 일정한 금원을 지급한다는 것과 그 금원의 명목을 퇴직금으로 한다는 것을 그 본질적 구성요소로 한다.

그중에서 법에 위반되어 무효로 되어야 하는 부분은 퇴직금으로 지급한다는 부분만이다. 그 부분을 유효하다고 보면 최종적으로 퇴직 시에 발생하는 퇴직금 청구권을 근로자가 강행법규에 위반하여 사전에 포기하는 것을 용인하는 결과가 되기 때문이다. 그러나 사용자가 근로자에게 매월 또는 매일 일정한 금원을 지급한다는 약정은 유효하다. 이를 무효로 볼 아무런 근거가 없다. 그렇다면 퇴직금이 후불적 임금이라는 점에 비추어 위와 같이 근로자에게 매월 또는 매일 지급되는 금원은 사용자가 위와 같이 유효한 약정에 기하여 근로의 대가로서 지급되는 것으로 보아야 하고, 따라서 그 명칭에도 불구하고 이는 임금의 일종이라고 보아야 한다. 이와 같이 퇴직금 분할 약정에 따라 근로자에게 지급되는 금원이 퇴직금일 수는 없고 오로지 임금으로서의 성격을 가질 뿐이므로, 근로자가 이를 지급받는 것은 퇴직금 분할 약정이 포함된 근로계약에 따른 정당한 임금의 수령이지 부당이득이 될 수 없고, 따라서 사용자가 그 반환청구권을 가짐을 전제로 하여 근로자의 최종 퇴직 시에 사용자가 그 반환청구권을 자동채권으로 하고 근로자의 퇴직금 청구권을 수동채권으로 한 상계항변이 성립할 여지 또한 없다.

【상계 부정】
임금이 초과 지급된 경우의 정산과 관련하여 예외적으로 상계가 허용되고 있는 주된 근거는 계산의 착오 등으로 발생하는 임금의 초과 지급인 데다가 시기상·절차상 일정한 제한을 가할 수 있어 근로자의 경제생활 안정을 해할 염려가 없다는 것이다. 그런데 퇴직금 지급으로서 효력을 인정할 수 없는 퇴직금 명목의 금전을 지급하여 그 금액 상당의 부당이득반환이 문제 되는 때에는 계산의 착오 등으로 임금이나 퇴직금을 초과 지급한 경우에 해당한다고 볼 수 없을 뿐만 아니라 그 수액이 정당하게 지급해야 할 퇴직금수액에 근접할 정도로 다액인 경우가 많아, 근로자의 경제생활 안정이 위협받을 가능성이 많다. 또한 퇴직금 명목의 금전을 부당이득이라고 인정하는 것과 관련하여 당사자 사이에 다툼이 있을 수밖에 없는데, 이러한 경우에도 상계를 허용하여 사용자의 일방적 공제를 인정하게 되면 퇴직금제도를 두고 있는 본래의 취지를 벗어나 근로자에게 부당하게 불리할 뿐만 아니라 당초 임금의 지급과 관련하여 상계를 금지한 제도적 취지를 지나치게 형해화할 우려가 있다. 그렇다면 사용자가 근로자에게 이미 퇴직금 명목의 금전을 지급하였으나 그것이 퇴직금 지급으로서의 효력이 없어 사용자가 같은 금액 상당의 부당이득반환채권을 가지게 된 경우에는 이를 자동채권으로 하여 근로자의 퇴직금채권과 상계할 수 없다고 해석함이 여러 면에서 보다 합리적이라고 할 것이다.
〈대법원 2010. 5. 20. 선고 2007다90760 전원합의체 판결 반대의견〉

3절 퇴직연금제도

1. 퇴직연금제도 개요

가. 퇴직연금제도의 의의

퇴직연금제도란 회사가 근로자의 노후 소득보장과 생활 안정을 위하여 근로자 재직기간 중 퇴직금 지급재원을 외부 금융기관(이를 '퇴직연금 사업자'라 한다)에 적립하고 이를 회사 또는 근로자의 지시에 따라 운용하여 근로자가 퇴직 할 때 연금 또는 일시금으로 지급하는 제도다.

나. 퇴직연금제도 비교

퇴직연금제도는 자산운용의 권한과 책임을 누가 지느냐에 따라 확정급여형과 확정기여형으로 나눌 수 있다. 또한 급여 수준이나 부담금 수준이 확정되지 않은 개인형 퇴직연금제도가 있다.

(1) 확정급여형 퇴직연금

○ 개념

확정급여형(Defined Benefit) 퇴직연금이란 근로자가 퇴직 시 수령할 연금급여가 사전에 확정되고, 사용자가 적립할 금액은 적립금 운용 결과에 따라 변동될 수 있는 연금제도다.

○ 특징

확정급여형 퇴직연금은 근로자가 퇴직 시 받을 급여가 현행 퇴직금과 동일하게 확정되어 있다. 사용자의 부담은 적립금 운용 결과에 따라 달라진다. 운용수익이 좋으면 사용자 부담이 적어지고, 운용수익이 나쁘면 사용자 부담이 늘어난다. 적립금의 운용 권한과 책임은 사용자가 가지고 있으므로, 퇴직 연금사업자는 적립금 운용방법(금융상품)과 관련 정보를 사용자에게 제시하여야 한다.

사용자는 사업연도 말 퇴직급여추계액의 60% 이상(규약에 정한 비율)에 적립되도록 해야 하고, 퇴직연금 규약에서 약정한 시기에 정기적으로 부담금을 납입해야 한다.

　퇴직급여법에 따라 특별한 사정(무주택자의 주택구입, 가입자 또는 부양가족의 6개월 이상 요양, 천재지변 등)이 있을 때에는 적립금의 50% 범위 내에서 담보대출만 가능하고, 중도인출은 불가능하다.

(2) 확정기여형 퇴직연금

○ 개념

　확정기여형(Defined Contribution) 퇴직연금이란 사용자의 부담금이 사전에 확정되고 근로자가 받을 퇴직급여는 적립금을 운용한 실적에 따라 변동되는 연금제도다.

○ 특징

　사용자는 정기적으로 근로자 개인계좌에 연간 임금총액의 12분의 1 이상의 부담금을 적립하고, 근로자는 그 적립금을 금융상품에 투자하다가 퇴직할 때 운용성과에 따라 퇴직급여를 수령한다.

　정기적으로 발생하는 퇴직금을 근로자 개별계좌에 적립시켜 주는 제도로 퇴직금을 매월, 혹은 중간정산하는 것과 유사하다. 적립된 금액을 근로자가 운용하므로 퇴직급여는 적립금 운용실적에 따라 달라진다.

　사용자 부담은 근로자 연간 임금총액의 12분의 1 이상으로 정해져 있고, 근로자가 원하는 경우 연금계좌 합산 연 1,800만 원까지 추가적으로 부담금을 납입할 수 있다. 특별한 사정(무주택자의 주택구입, 가입자 또는 부양가족의 6개월 이상 요양, 천재지변)이 있을 때에는 50% 범위 내에서 담보대출은 물론 적립금 전액을 중도에 인출할 수 있다.

(3) 개인형 퇴직연금제도

(가) 개인형 IRP

○ 개념

개인형 퇴직연금제도(Individual Retirement Pension)란 가입자의 선택에 따라 가입자가 납입한 일시금이나 사용자 또는 가입자가 납입한 부담금을 적립·운용하기 위하여 설정한 퇴직연금제도로서 급여 수준이나 부담금 수준이 확정되지 않은 연금제도다(퇴직급여법 2조10호).

○ 특징

개인형 IRP는 퇴직 IRP와 적립 IRP로 구별된다. 퇴직 IRP 가입대상은 퇴직 사유에 따라 퇴직일시금을 받은 근로자이고, 적립 IRP 가입대상은 퇴직연금에 가입한 뒤 개인형 퇴직연금제도를 추가로 설정하려는 근로자다.

2017년부터는 자영업자 등 안정적인 노후소득 확보가 필요한 사람으로서 대통령령으로 정하는 사람도 개인형 퇴직연금제도를 설정할 수 있다.

개인형 IRP는 근로자가 직접 적립금 운용방법을 선택할 수 있고, 적립금 운용 결과에 따라 퇴직급여 수준이 결정된다.

적립 IRP는 퇴직급여법상 연 1,200만 원까지 납부가 가능하며, 적립금 수령은 근로자 선택에 따라 일시금 또는 연금으로 수령할 수 있다.

(나) 기업형 IRP

○ 개념

상시근로자 10인 미만 사업장 특례로서, 개별 근로자 동의를 받거나 근로자 요구에 따라 개인형 퇴직연금제도를 설정한 경우에는 해당 근로자에 대하여 퇴직급여제도를 설정한 것으로 본다(퇴직급여법 25조1항). 이를 기업형 IRP라 하는데, 일반적인 개인형 퇴직연금제도와 구별된다.

○ 특징

기업형 IRP제도 설정대상은 상시 근로자 10인 미만 사업장 근로자다. 이때 상시 근로자는 일정한 사업기간 내의 근로자 연인원을 가동일수로 나누어 산정한다. 당해 사업장에서 계속근무하는 근로자뿐만 아니라 임시직·일용직 근로자 등 고용형태를 불문하고, 퇴직급여제도 의무적용대상이 아닌 근로자까지 포함하여 산정한다. 상시근로자가 10인 미만이었다가 10인 이상이 된 경우에는 더 이상 해당 규정의 적용을 받을 수 없다.[237] 확정급여형 퇴직연금 또는 확정기여형 퇴직연금으로 전환하여야 한다. IRP를 설정하지 않은 나머지 근로자에게는 퇴직금제도를 적용한다.

기업형 IRP의 경우 퇴직연금 규약을 신고하지 않고 개별 근로자의 동의나 요구만으로 제도를 도입할 수 있다. 사용자는 가입자별로 연간 임금총액의 12분의 1 이상에 해당하는 부담금을 현금으로 매년 1회 이상 정기적으로 가입자의 개인형 퇴직연금제도 계정에 납입하여야 한다.

기업형 IRP와 개인형 퇴직연금제도는 제도의 성격, 운용 자산관리계약, 수수료 등 모든 체계가 상이하여 자동변경이 곤란하다.

〈표〉 기업형 IRP와 개인형 IRP의 비교

구분	기업형 IRP(10인 미만)	개인형 IRP
가입 요건	10인 미만 사업장 근로자	퇴직연금 일시금 수령자 퇴직연금 가입 근로자
부담금 납입 목적·주체	퇴직급여 재원 (사용자 재원)	근로자 추가 기여분
과세이연 혜택	X	O
수수료 부담 주체	사용자	근로자

---

237) 퇴직급여보장팀 - 395, 2006. 2. 8.

〈표〉 퇴직급여제도 비교

구분	퇴직금제도	확정급여형 퇴직연금제도	확정기여형 퇴직연금제도	기업형 IRP	개인형 IRP
적용대상	모든 사업장	모든 사업장	모든 사업장	상시근로자 10인 미만 사업장	• 퇴직급여가 발생한 근로자 • 재직 중인 근로자 중 원하는 자
규약 작성	취업규칙 작성 신고	퇴직연금 규약 작성 신고	퇴직연금 규약 작성 신고	퇴직연금 규약 불필요	퇴직연금 규약 불필요
운용(자산) 관리계약주체	해당 사항 없음	사용자와 퇴직연금 사업자	사용자와 퇴직연금 사업자	근로자와 퇴직연금 사업자	근로자와 퇴직연금 사업자
수수료 부담	해당 사항 없음	사용자	• 운용 및 자산 관리 : 사용자 • 근로자 추가 납입 : 근로자	근로자	근로자
부담금 납부	사용자	사용자	사용자	사용자	근로자
근로자 추가 납입	불가	IRP 개설 시 가능	가능	불가	가능
사외적립 부담금 수준	사용자 재량	퇴직금 추계액의 60% 이상	연간 임금총액의 1/12 이상	연간 임금총액의 1/12 이상	퇴직금 중간정산금의 80% 이상
퇴직급여 형태	일시금	연금 또는 일시금	연금 또는 일시금	연금 또는 일시금	연금 또는 일시금
연금수령 요건	해당 사항 없음	55세 이상으로 가입기간 10년 이상	55세 이상으로 가입기간 10년 이상	55세 이상으로 가입기간 10년 이상	55세 이상
퇴직급여 수준	퇴직 시 평균임금 30일분 X 근속연수	퇴직 시 평균임금 30일분 X 근속연수	적립금 운용 실적에 따라 다름	적립금 운용 실적에 따라 다름	적립금 운용 실적에 따라 다름
운용위험 부담	사용자	사용자	근로자	근로자	근로자
중도인출	가능	불가	가능	가능	가능
담보제공	불가	50%까지 가능	50%까지 가능	50%까지 가능	50%까지 가능

2. 퇴직연금 도입

가. 퇴직연금제도 설정

(1) 근로자대표 동의

퇴직급여법 4조3항은 "사용자가 퇴직급여제도의 종류를 선택하거나 선택한 퇴직급여제도를 다른 종류의 퇴직급여제도로 변경하고자 하는 경우에는 당해 사업에 근로자의 과반수로 조직된 노동조합이 있는 경우에는 그 노동조합, 근로자의 과반수로 조직된 노동조합이 없는 경우에는 근로자의 과반수의 동의를 얻어야 한다"고 규정하고 있다.

이때 기존 퇴직금제도를 실시하던 사업장이 퇴직연금제도로 전환하는 경우에도 근로자대표의 동의를 얻어야 한다.

근로자대표의 동의가 회사의 개입이나 간섭이 배제된 상태에서의 의사결정 방식에 해당한다면 이를 입증할 수 있다. 서류를 첨부하여 신고하면 된다. 근로자 개별 동의는 필요하지 않다. 집단적 회의방식에 의한 의사결정 방식이어야 하고, 근로자의 찬반 의사표시에 관한 동의방식은 무기명도 가능하다.

노사협의회의 근로자위원은 원칙적으로 근로자 퇴직급여제도의 변경에 대한 의견청취 또는 동의권한을 가진 자로 볼 수 없다. 의견청취 권한을 위임한 경우에 예외적으로 가능하다.

다만 사업장 내에 퇴직급여제도를 적용받는 대상이 상이한 경우 적용을 받는 근로자대표의 동의로 충분하다. 노동조합 가입대상이 아닌 직원만을 대상으로 퇴직연금제도를 도입하는 경우 퇴직연금제도를 적용받는 근로자 과반수의 동의를 받으면 된다.[238]

---

[238] 퇴직급여법 - 855, 2007. 2. 26.

이 규정에 위반하여 근로자대표의 동의를 얻지 아니한 자에 대하여는 500만 원 이하의 벌금에 처한다(퇴직급여법 46조1호).

(2) 차등적 퇴직급여제도 설정 금지

원칙적으로 하나의 사업 내에서는 하나의 퇴직급여제도를 설정해야 한다. 이는 직위·직종·부서 등과 같은 특정 기준이나 집단에 따라 별개의 제도를 둘 수 없다는 의미다. 다만 특정 규정이 모든 근로자에게 일률적으로 적용되는 것마저도 금지된다는 의미는 아니므로, 근속기간에 따라 퇴직금 지급률을 달리할 수 있다.

적법한 제도 변경에 의해 차이가 발생하는 것도 가능하다. 예를 들어 취업규칙 변경 이전의 기득권을 인정해 준다거나, 향후 신규입사자부터 적용되는 규정 변경을 적용하는 것은 유효하다.

차등 설정 금지의무를 위반하여 퇴직급여제도를 차등 설정할 경우 2년 이하의 징역 또는 1천만 원 이하의 벌금에 처하도록 하고 있다(퇴직급여법 45조1호).

나. 퇴직연금 규약 작성 및 신고

(1) 규약 신고

확정급여형 및 확정기여형 퇴직연금제도를 설정하려는 사용자는 근로자대표 동의를 얻어 퇴직연금 규약을 작성하여 고용노동부장관에게 신고하여야 한다(퇴직급여법 13조 및 19조1항).[239] 다만 2012년 7월 26일 이후에 새로 설립된 법인(합병·분할된 경우는 제외)의 경우에는 동의가 아니라 근로자대표의 의견을 들어 사업 성립 후 1년 이내에 퇴직연금제도를 설정하여야 한다(퇴직급여법 5조).

---

[239] 퇴직연금 규약신고서(퇴직급여법 시행규칙 1호 서식)와 퇴직연금 규약, 근로자대표 동의서를 첨부하여 회사 소재지 관할 지방노동관서에 신고한다.

(2) 규약 내용

(가) 확정급여형 퇴직연금 규약의 내용

퇴직급여법 13조에 따라 규약에 기재하여야 할 사항은 퇴직연금 사업자 선정에 관한 사항, 가입자에 관한 사항, 가입기간에 관한 사항, 급여 수준에 관한 사항, 급여 지급능력 확보에 관한 사항, 급여의 종류 및 수급요건 등에 관한 사항, 운용관리업무 및 자산관리업무의 수행을 내용으로 하는 계약의 체결 및 해지와 해지에 따른 계약 이전에 관한 사항, 운용현황 통지에 관한 사항, 가입자 퇴직 등 급여 지급사유 발생과 급여 지급절차에 관한 사항, 퇴직연금제도의 폐지·중단 사유 및 절차 등에 관한 사항, 그 밖에 확정급여형 퇴직연금제도의 운영을 위하여 대통령령으로 정하는 다음의 내용이다.

1) 부담금의 산정 및 납입에 관한 사항
2) 운용관리업무와 자산관리업무의 수행에 대한 수수료 부담에 관한 사항
3) 가입자에 대한 교육 방법 및 절차 등에 관한 사항
4) 복수의 퇴직연금 사업자와 운용관리업무에 고려한 계약을 체결한 경우 업무처리방안에 관한 사항. 이 경우 가입자가 개인형 퇴직연금제도의 계정을 지정하지 않은 경우 급여를 이전할 퇴직연금 사업자의 지정에 관한 사항을 포함한다.

복수의 퇴직연금 사업자와 운용관리업무에 관한 계약을 체결한 사용자는 그 퇴직연금 사업자 중 하나를 대표 퇴직연금 사업자(간사기관)로 선정하여 운용관리 업무를 수행하도록 하여야 한다(퇴직급여법 시행령 4조6항).

간사기관을 선정하는 방법에 대하여는 법에서 달리 규정한 바 없으며, 퇴직연금 규약에 간사기관을 명시하거나 퇴직연금 규약에 기준 및 절차를 정하고 그에 따라 선정하는 것도 가능하다.

(나) 확정기여형 퇴직연금 규약의 내용

퇴직급여법 19조1항에 따라 규약에 기재하여야 할 사항은 부담금 부담에 관한 사항, 부담금 납입에 관한 사항, 적립금 운용에 관한 사항, 적립금 운용방법 및 정보 제공 등에 관한 사항, 적립금 중도인출에 관한 사항, 퇴직연금 사업자 선정에 관한 사항, 가입자에 관한 사항, 가입기간에 관한 사항, 급여의 종류 및 수급요건 등에 관한 사항, 운용관리업무 및 자산관리업무의 수행을 내용으로 하는 계약의 체결 및 해지와 해지에 따른 계약의 이전에 관한 사항, 운용현황 통지에 관한 사항, 가입자 퇴직 등 급여 지급사유 발생과 급여 지급절차에 관한 사항, 퇴직연금제도 폐지·중단 사유 및 절차 등에 관한 사항, 운용관리업무 및 자산관리업무의 수행에 대한 수수료 부담에 관한 사항,[240] 가입자에 대한 교육 방법 및 절차 등에 관한 사항이다.

이 중 수수료는 사용자가 부담하여야 하며, 가입자가 스스로 부담하는 추가 부담금에 대한 수수료는 가입자가 부담한다(퇴직급여법 시행령 10조2항). 이는 강행규정이 아니므로 사용자와 가입자의 합의에 따라 사용자가 부담하는 것으로 정할 수 있다.

확정기여형 퇴직연금은 확정급여형 퇴직연금과 달리 근로자가 사용자의 부담금을 운용하여 투자수익을 창출해야 하므로 정기적인 납입주기를 정하여 규약에 명시하여야 한다.

확정기여형 퇴직연금의 경우 퇴직연금 설정 시점 이전에 제공한 근로기간을 퇴직연금 가입기간으로 할 수 있다. 일정 단위로 나누어 순차적으로 가입기간에 포함시키는 것도 가능하고, 일부에 대해서만 소급하여 가입기간으로 하는 것도 가능하다. 일률적으로 소급하는 방법 및 개별 가입자별로 자유의사에 따라 소급기간을 달리 적용할 수도 있다. 퇴직연금 도입 이후에 가입기간 산정을 변경하는 것도 불이익 변경이 아니라서 가능하다.[241]

---

240) 퇴직급여보장팀 - 845, 2007. 11. 7.
241) 퇴직급여보장팀 - 805, 2006. 3. 14.

(3) 규약 효력

규약은 사용자가 근로자와 합의하여 작성하고 신고한 것이므로 사용자와 근로자에게 효력을 미친다. 사업자가 규약 내용을 알고 있을 경우 규약에 위반하여 연금사업을 수행하여서는 안 된다. 사용자가 해당 규약을 위반하면 시정명령 등 일정한 처분을 받게 된다.[242]

퇴직급여법에서 정한 기준이 미달하는 내용을 규약에 포함시킬 수 없으며, 기재되어 있다고 하더라도 동법이 효력상 상위에 있으므로, 위반되는 부분에 한하여 규약은 무효이고, 동법이 정한 기준이 적용된다. 근로자 일부에 대하여 규약에서 정한 기준보다 유리한 연금제도를 설정하는 계약을 체결하는 것은 차별금지에 반한다(퇴직급여법 4조2항).

(4) 규약 변경

사용자는 신고한 퇴직연금제도 설정 내용을 변경한 경우에는 ① 변경 전과 변경 후의 내용을 비교하여 작성한 퇴직연금 규약 ② 근로자 과반수를 대표하는 노동조합 또는 근로자 과반수 동의를 받았음을 증명하는 자료(근로자에게 불리한 변경의 경우) ③ 근로자 과반수를 대표하는 노동조합 또는 근로자 과반수의 의견을 들었음을 증명하는 자료(근로자에게 불리한 변경이 아닌 경우)를 첨부하여 변경 사실을 지방고용노동관서 장에게 통보하여야 한다(퇴직급여법 시행규칙 2조2항).

불리한 변경이 아니라면 근로자대표의 의견을 들어야 하는데, 의견을 듣는 방법은 집단적 회의 방법, 근로자에게 퇴직연금 규약(안)을 열람하게 하고 서명을 받는 방법 등 과반수 의견을 들었음을 객관적으로 증명할 수 있는 적절한 방법을 사용할 수 있다. 사내 회보 열람과 사내 게시, 내부 전산망을 통한 공지, 이메일 송부에

---

[242] 퇴직급여보장팀 - 47, 2007. 1. 5.

따른 수신확인 등을 통해 변경된 퇴직연금 규약안을 제시하고 의견을 제출하도록 하였음을 증명할 수 있어야 한다. 근로자 과반수 의견을 제시할 수 있는 충분한 기간을 부여하는 등 제도적으로 의견 제출을 보장하여야 한다.

(5) 미신고 시 효력

퇴직급여법은 규약 신고를 사용자 의무로 규정하여 강제하고 있다. 이를 신고하지 않을 경우 500만 원 이하의 과태료를 부과한다(퇴직급여법 48조2항1호). 규약을 신고하지 않더라도 퇴직여늠설정의 효력에는 영향을 미치지 않으며, 규약의 효력도 인정된다.

다. 퇴직연금 사업자 책무

(1) 퇴직연금 사업자 의무

퇴직연금 사업자는 퇴직급여법을 준수하고 가입자를 위하여 성실하게 그 업무를 하여야 하며, 운용관리계약 및 자산관리계약에 따른 계약의 내용을 준수하여야 한다(퇴직급여법 33조1·2항).

개인형 퇴직연금제도를 운영하는 퇴직연금 사업자는 해당 사업의 퇴직연금제도 운영상황 등 대통령령으로 정하는 사항에 대하여 매년 1회 이상 가입자에게 교육을 하여야 한다(퇴직급여법 33조5항).

퇴직연금 사업자는 고용노동부령으로 정하는 바에 따라 퇴직연금제도의 취급실적을 사용자(개인형 퇴직연금제도 취급실적은 제외), 고용노동부장관 및 금융감독원장에게 제출하여야 한다(퇴직급여법 33조6항).

(2) 퇴직연금 사업자 금지사항

퇴직연금 사업자는 정당한 사유 없이 ① 운용관리업무의 수행계약 체결을 거부하는 행위 ② 자산관리업무의 수행계약 체결을 거부하는 행위 ③ 특정 퇴직연금 사업자와 계약을 체결할 것을 강요하는 행위 ④ 그 밖에 사용자 또는 가입자의 이익을 침해할 우려가 있는 행위로서 i. 사용자 또는 가입자의 운용지시 등 업무 수행과 관련하여 알게 된 정보를 자기 또는 제3자의 이익을 위하여 이용하는 행위 ii. 기존 대출을 연장하거나 신규 대출을 제공하는 등 사용자 iii. 가입자 또는 이들의 이해관계인에게 금융거래상 혜택을 주는 조건으로 퇴직연금 계약 체결을 요구하는 행위 iv. 사용자 또는 가입자에게 특정한 운용방법 선택을 강요하는 행위 v. 사용자 또는 가입자에게 특정한 운용방법의 가치 상승 또는 하락에 단정적이거나 합리적 근거가 없는 판단을 제공하는 행위 vi. 적립금 운용방법 등에 있어 통상적인 조건을 벗어나 현저히 유리한 조건을 제시하는 행위 vii. 자신이 원리금 지급을 보장하는 운용방법의 금리 등을 사용자 또는 가입자에 따라 합리적 이유 없이 차등 적용하는 행위 viii. 사용자 또는 가입자에게 확정되지 않은 운용방법의 수익을 확정적으로 제시하는 행위를 하여서는 안 된다(퇴직급여법 33조3항 및 동법 시행령 34조1항).

(3) 운용관리업무 수행사업자 금지행위

운용관리업무를 수행하는 퇴직연금 사업자는 다음과 같은 행위를 하여서는 안 된다.

① 계약 체결 시 가입자 또는 사용자 손실의 전부 또는 일부를 부담하거나 부담할 것을 약속하는 행위 ② 가입자 또는 사용자에게 경제적 가치가 있는 과도한 부가적 서비스를 제공하거나 가입자 또는 사용자가 부담하여야 할 경비를 퇴직연금 사업자가 부담하는 등 대통령령으로 정하는 특별한 이익을 제공하거나 제공할 것을 약속하는 행위로 이때 특별한 이익이란 일반적인 금융거래규정이나 관행을 넘어 사회통념상 통상적인 편의제공 차원이 아닌 그 이상의 이익을 제공하는 경우

를 의미하며, 구체적으로는 i. 계약 체결을 유도하거나 계약을 유지하기 위한 금품 제공 ii. 약관에 근거하지 않은 수수료 할인 iii. 가입자 또는 사용자가 부담하여야 할 비용의 일부 또는 전부 부담 iv. 가입자 또는 사용자가 해당 퇴직연금 사업자로부터 받은 대출금 이자 대납 v. 약관에 근거하지 않은 경제적 가치가 있는 부대서비스 제공 등이다.

또한 ③ 가입자의 성명·주소 등 개인정보를 퇴직연금제도의 운용과 관련한 업무수행에 필요한 범위를 벗어나서 사용하는 행위 ④ 자기 또는 제3자의 이익을 도모할 목적으로 특정 운용방법을 가입자 또는 사용자에게 제시하는 행위도 금지된다(퇴직급여법 33조4항 및 동법 시행령 35조1항).

(4) 벌칙

금지사항을 위반한 퇴직연금 사업자와 운용관리업무를 하는 퇴직연금 사업자는 3년 이하의 징역 또는 2천만 원 이하의 벌금에 처한다(퇴직급여법 44조4호).

매년 1회 이상 교육을 하지 않은 퇴직연금 사업자에게는 1천만 원 이하의 과태료를 부과한다(퇴직급여법 48조1항2호).

운용관리계약 및 자산관리계약의 내용을 위반하거나, 퇴직연금제도의 취급실적을 제출하지 않은 퇴직연금 사업자에게는 500만 원 이하의 과태료를 부과한다(퇴직급여법 48조2항3호).

라. 사용자 책무

(1) 사용자가 이행하여야 할 사항

사용자는 법령 및 퇴직연금 규약을 준수하고 가입자 등을 위하여 퇴직급여법에 따른 의무를 성실하게 이행하여야 한다(퇴직급여법 32조1항).

사용자 책무는 다음과 같다.

① 퇴직금제도 또는 확정급여형 퇴직연금제도를 설정하거나 운영하는 사용자는 임금피크제 실시, 임금 삭감 등으로 근로자 급여액에 영향을 미칠 수 있는 경우 가입자에게 퇴직급여 수령액이 감소됨을 알리고, 근로자대표와 확정기여형 퇴직연금제도 도입, 별도 급여 산정기준 마련 등 필요한 방법을 협의하여야 한다.

② 운용관리업무와 자산관리업무의 수행, 관련 서비스 제공 등 퇴직연금제도 전반에 대한 능력과 전문성을 종합적으로 판단하여 퇴직연금 사업자를 선정하여야 한다. 이 경우 상시 300명 이상 근로자를 사용하는 사업의 사용자는 퇴직연금 규약을 신고하거나 퇴직연금 사업자를 선정·변경하는 경우 고용노동부장관에게 퇴직연금 사업자 선정·변경사유서를 제출하여야 한다.

③ 단체협약·취업규칙·근로계약서·급여명세서 등 부담금 산정 및 급여 지급 능력 확보 여부 등을 확인하는 데 필요한 자료를 퇴직연금 사업자에게 제공하여야 한다.

④ 퇴직연금 사업자에게 가입자 교육을 위탁한 경우 집합교육을 할 수 있도록 하는 등 협조하여야 한다.

(2) 사용자 교육의무

확정급여형 및 확정기여형 퇴직연금제도를 선정한 사용자는 퇴직연금제도를 시행한 날을 기산일로 하여 매년 1회 이상 가입자에게 해당 사업의 퇴직연금제도 운영 상황 등 대통령령으로 정하는 사항을 교육하여야 한다(퇴직급여법 32조2항).

퇴직연금 가입자교육을 퇴직연금 사업자에게 위탁하더라도 교육을 실시했는지에 대한 입증책임은 사용자에게 있으므로 사업장 감독 시 이행 여부를 확인하여야 한다.

<표> 퇴직연금 가입자 교육 내용

확정급여형 퇴직연금 교육내용	확정기여형 퇴직연금 교육내용
① 급여종류별 표준적인 급여액 및 지급상황 ② 사용자의 부담금액, 부담금 납부시기 및 납부상황 ③ 예상 급여액 대비 적립금 규모 ④ 가입자의 전직·이직 시의 처리절차, 퇴직 시의 적립금 운용·관리 방법	① 사용자의 부담금 수준, 부담금 납부시기 및 납부상황 ② 가입자별 적립금의 운용수익 및 운용방법별 구성비율 등 운용현황 ③ 퇴직연금 사업자가 제시하는 운용방법의 위험과 수익에 관한 사항 ④ 가입자의 연령·근속연수 등을 고려한 노후설계의 중요성에 관한 사항

개인형 퇴직연금제도 가입자 교육의무 주체는 위탁실시와 관계없이 사용자가 아닌 퇴직연금 사업자다. 사용자가 운용관리업무를 수행하는 퇴직연금 사업자에게 가입자 교육을 위탁한 경우 사용자는 퇴직연금 사업자와 교육시기, 구체적 교육방법 등을 포함한 계약을 체결하고, 퇴직연금 사업자는 교육사항에 대하여 위탁계약의 내용에 따라 교육을 실시하여야 한다(동법 시행세칙 4조4항).

(3) 사용자 금지행위

퇴직연금제도를 설정한 사용자는 다음 각 호의 어느 하나에 해당하는 행위를 하여서는 안 된다(퇴직급여법 32조3항).

① 자기 또는 제3자의 이익을 도모할 목적으로 운용관리업무 및 자산관리업무 수행계약을 체결하는 행위 ② 운용관리업무 또는 자산관리업무를 수행하는데 필요한 자료를 고의로 누락하거나 거짓으로 작성하여 퇴직연금 사업자에게 제공하는 행위 ③ 퇴직연금 사업자에게 약관 등에서 정해진 부가서비스 외의 경제적 가치가 있는 서비스의 제공을 요구하거나 제공받는 행위 ④ 퇴직연금 사업자에게 계약 체결을 이유로 물품 등의 구매를 요구하거나 판매하는 행위 ⑤ 퇴직연금 사업자에게 확정되지 않은 운용방법의 수익을 확정적으로 제시하라고 요구하거나 제공받는 행위 ⑥ 재정안정화계획서를 작성하지 않거나 통보하지 않는 행위는 금지

된다(동법 시행령 33조).

(4) 벌칙

자기 또는 제3자의 이익을 도모할 목적으로 운용관리업무 및 자산관리업무 수행계약을 체결한 사용자는 2년 이하의 징역 또는 1천만 원 이하의 벌금에 처한다(퇴직급여법 45조4호). 그 외에 준수사항을 위반한 사용자에게는 500만 원 이하의 과태료를 부과한다(퇴직급여법 48조2항2호). 매년 1회 이상 교육을 하지 않은 사용자에게는 1천만 원 이하의 과태료를 물린다(퇴직급여법 48조1항).

마. 퇴직연금 수급권

(1) 퇴직연금 수급권 보호

퇴직연금제도의 급여를 받을 권리는 양도하거나 담보로 제공할 수 없다(퇴직급여법 7조1항). 퇴직연금을 양도하거나 담보로 제공하는 것을 허용하면 정작 퇴직연금을 받아야 할 시기에 이를 지급받지 못하여 근로자 노후대책 마련이라는 퇴직연금제도 본래의 취지에 어긋날 수 있기 때문이다.

이는 강행규정으로 당사자 긴 합의에 의해 배제하거나 달리 정할 수 없다. 퇴직급여를 받을 권리에 대하여 양도 또는 담보로 제공하는 것을 내용으로 하는 약정은 무효다.

(2) 퇴직연금 수급권 담보제공

근로자가 목돈이 필요할 때를 대비하여 주택구입 등 일정한 사유와 요건을 갖춘 경우에 한하여 일정한 한도 내에서 담보로 제공할 수 있도록 허용하고 있다.

(가) 담보제공이 허용되는 사유

퇴직연금 급여를 받을 권리를 담보로 제공할 수 있는 사유는 다음과 같다.

① 무주택자인 가입자가 본인 명의로 주택을 구입하는 경우 ② 가입자와 가입자의 배우자 또는 소득세법 50조1항에 따른 가입자 또는 가입자의 배우자와 생계를 같이하는 부양가족이 질병 또는 부상으로 6개월 이상 요양을 하는 경우 이때 요양이라 함은 입원 통원·약물치료 등 치료방법과 상관없이 병을 치료한 것을 모두 포함하는 개념으로 판단해야 한다.[243]

③ 담보를 제공하는 날부터 역산하여 5년 이내에 가입자가 채무자 회생 및 파산에 관한 법률에 따라 파산선고를 받은 경우 ④ 담보를 제공하는 날부터 역산하여 5년 이내에 가입자가 채무자 회생 및 파산에 관한 법률에 따라 개인회생절차개시 결정을 받은 경우 ⑤ 그 밖에 천재지변으로 피해를 입는 등 고용노동부장관이 정하여 고시하는 사유와 요건에 해당하는 경우 가입자는 퇴직연금제도상 급여를 받을 권리를 담보로 제공할 수 있다(퇴직급여법 시행령 2조1항).

(나) 담보제공 한도

담보제공은 가입자별 적립금의 100분의 50을 한도로 한다. 다만 천재지변 등으로 가입자가 피해를 입은 경우에는 피해 정도 등을 고려하여 고용노동부장관이 정하여 고시하는 한도를 기준으로 정한다.

(다) 퇴직연금 사업자 대출협조의무

퇴직연금 사업자는 제공된 급여를 담보로 한 대출이 이루어지도록 협조하여야 한다(퇴직급여법 7조2항). 이는 퇴직연금 사업자만이 퇴직급여를 담보로 하는 대출을 실행할 수 있다는 의미는 아니다. 수급권을 담보로 제공할 수 있는 자에 대

---

243) 퇴직급여보장팀 - 3586, 2006. 9. 20.

해서는 관련 법령에서 별도로 정한 바가 없으므로 근로자 수급권 보장을 약화시킬 우려가 있는 등 특별한 사정이 없는 한 당해 사업장 사용자에게 담보로 제공하는 것도 가능할 것이며, 퇴직연금 사업자나 사용자 외의 제3자에게 담보로 제공하는 것도 가능하다.

(3) 퇴직연금 중도인출

퇴직금제도에서는 이미 발생한 퇴직금에 대한 중간정산제도가 있으며, 퇴직연금제에서는 이와 유사한 개념의 중도인출제도를 허용하는 경우가 있다. 확정기여형 퇴직연금제도를 설정한 경우와 개인형 퇴직연금을 설정한 경우에는 주택구입 등 대통령령으로 정하는 사유가 발생한 때에는 적립금 중도인출을 허용하고 있다. 연금 중도인출은 노후대비라는 연금제의 기본 취지에 맞지 않으나 근로자가 급히 목돈이 필요한 경우 등에 대비하여 예외적으로 인정하고 있는 것이다.

중도인출 가능 사유는 담보제공이 허용되는 사유와 같다. 하지만 확정급여형 퇴직연금제에서는 이러한 중도인출이 허용되지 않는다. 확정급여형 퇴직연금제도는 근로자 개인별로 설정하는 것이 아니라 사업장 단위로 설정하기 때문에 그 성질상 근로자 개인이 중도에 인출하기가 어렵기 때문이다.

확정급여형 퇴직연금제도 가입자가 주택구입 등 대통령령이 정하는 사유가 발생한 때에는 앞서 살펴본 바와 같이 가입자별 적립금의 50% 한도 내에서 퇴직연금을 담보로 제공할 수 있다. 긴급한 목돈 수요의 측면에서는 확정기여형 퇴직연금제도가 더 유리하다. 그러나 퇴직연금제도의 본래 취지인 노후소득 보장이라 점에서는 확정급여형 퇴직연금제도가 유리하다고 볼 수 있다.

〈표〉 퇴직금 중간정산과 중도인출 및 담보대출 사유 비교

사유	퇴직금 중간정산	퇴직연금 담보대출 (DC형 중도인출)
무주택자인 가입자가 본인 명의로 주택을 구입하는 경우	○	○
무주택자인 근로자가 전세금 또는 주택임차에 따른 보증금을 부담하는 경우 ※ 전세금 또는 보증금이 인상되는 경우도 포함하되, 당해 사업에서 1회에 한함	○	X
본인, 배우자 및 부양가족이 질병·부상으로 6개월 이상 요양하는 경우	○	○
최근 5년 이내 파산산고 또는 개인회생절차 개시 결정을 받은 경우	○	○
고용보험법 시행령 규정에 따른 임금피크제를 실시하여 임금이 줄어드는 경우	○	X
천재지변 등 고용노동부장관이 정하는 경우	○	○

(4) 퇴직연금 수급권 압류제한

현행법상 퇴직연금 수급권 압류를 명시적으로 금지한 규정은 없다. 다만 민사집행법 246조1항4호에서 퇴직연금에 대하여 2분의 1에 해당하는 금액을 압류금지채권으로 규정하고 있다. 이에 따라 퇴직연금의 2분의 1에 대해서는 강제집행이 가능한 것인지 문제 되었으나, 판례는 퇴직급여법상 퇴직연금채권은 그 전액에 관하여 압류가 금지된다고 판단하였다.[244]

3. 퇴직연금 운영

가. 확정급여형(DB) 퇴직연금제도

(1) 기본 구조

---

244) 대판 2014. 1. 23. 2013다71180

회사가 퇴직연금에 가입한 근로자 전체 명의로 퇴직연금계좌를 개설한 뒤 매년 적립할 퇴직충당금을 이 계좌에 적립하여 운용하고, 나중에 근로자가 퇴직하면 이 계좌에서 퇴직연금을 지급하는 형태다. 이때 근로자가 받는 퇴직급여는 법정퇴직금 금액과 동일하며, 퇴직일 기준으로 계속근로연수 1년에 대하여 30일분의 평균임금에 상당하는 금액을 받게 된다.

(2) 부담금

(가) 최소적립금

사용자는 확정급여형 퇴직연금제도에 가입된 근로자들이 향후 퇴직할 때 법정퇴직금만큼 지급될 수 있도록 부담금을 납입한다. 이때 적정 부담금을 산출하기 위하여 퇴직연금 사업자는 보험 수리적 가정(퇴직률・임금상승률・할인율 등)을 사용한다.

확정급여형 퇴직연금제도를 도입한 회사는 퇴직급여를 지급할 능력을 확보하기 위하여 매년 사업연도 말을 기준으로 산정한 기준책임준비금에 퇴직급여법령상 연도 구분에 따른 비율을 곱하여 산출한 금액(최소적립금) 이상을 적립금으로 적립하며, 최소적립금 수준은 연도별로 단계적으로 상향되도록 설정되어 있다(퇴직급여법 16조 및 동법 시행령 5조).

〈표〉 최소적립금 수준의 연도별 비율

연도	비율(적립금/기준책임준비금)
2012. 7. 26. ~ 2013. 12. 31.	60%
2014. 1. 1. ~ 2015. 12. 31.	70%
2016. 1. 1. ~ 2017. 12. 31.	80%
2018. 1. 1. 이후	고용노동부령으로 정하는 80% 이상의 비율

(나) 재정검증

운용관리업무를 수행하는 퇴직연금 사업자는 매 사업연도 종료 후 6개월 이내에 해당 회사 적립금이 최소적립금을 상회하는지 여부를 확인하여 그 결과를 회사에 통보하여야 한다(퇴직급여법 16조2항). 퇴직연금 사업자는 적립금과 최소적립금을 비교하여 적립금 부족 여부, 적립금 및 부담금 납입현황, 재정안정화계획서 작성 여부 등을 사용자에게 서면으로 알려야 한다. 적립금이 최소적립금보다 적은 경우에는 근로자 과반수가 가입한 노동조합이 있는 경우에는 그 노동조합에 서면으로 알리고, 근로자 과반수가 가입한 노동조합이 없는 경우에는 전체 근로자에게 서면, 사내 게시 또는 정보통신망에 의한 방법으로 알려야 한다(동법 시행령 6조1항).

(다) 재정검증 결과에 따른 처리방법

○ 적립금이 최소적립금보다 적은 경우

적립금이 최소적립금의 100분의 95에 미달하는 경우에는 사용자는 적립금 부족을 3년 이내에 균등하게 해소할 수 있도록 부족 금액 자금 조달방안, 납입 계획 등의 내용을 포함한 "재정안정화계획서"를 구체적으로 작성하고 3년간 보존해야 한다. 또한 퇴직연금 사업자로부터 재정검증 결과를 통보받은 날부터 60일 이내에 근로자 과반수가 가입한 노동조합이 있는 경우에는 그 노동조합, 근로자 과반수가 가입한 노동조합이 없는 경우에는 전체 근로자와 퇴직연금 사업자에게 재정안정화계획서를 통보한다. 사용자는 적립금 부족분을 충당하기 위한 부담금을 납입하는 등 재정안정화계획서를 성실하게 이행하는 조치를 취하여 적립금 부족을 해소하여야 한다(동법 시행령 7조2항).

사용자가 재정검증을 통보받은 날부터 60일 이내에 재정안정화계획서를 작성하지 않거나 근로자대표 또는 퇴직연금 사업자에게 통보하지 않으면 500만 원 이하의 과태료가 부과된다(퇴직급여법 48조).

○ 적립금이 기준책임적립금보다 많은 경우

매 사업연도 말 적립금이 기준책임준비금을 초과한 경우 사용자는 그 초과분을 향후 납입할 부담금에서 상계할 수 있다. 매 사업연도 말 적립금이 기준책임준비금의 100분의 150을 초과하고 사용자가 반환을 요구하는 경우 퇴직연금 사업자는 그 초과분을 사용자에게 반환할 수 있다(퇴직급여법 16조4항).

사외적립된 자산의 운용 결과 기대수익률보다 초과잉여금이 발생한 경우 근로자 측이 사용자에게 그 수익금의 지급을 요구할 권리는 인정되지 않는 것으로 보는 것이 행정해석의 태도다.[245] 그러나 사용자와 근로자대표가 합의하여 수익금을 퇴직급여액에 반영하는 것은 얼마든지 가능하다. 수익금 지급방식과 기준 등에 대해서 사전에 합의가 있다면 그에 따라 근로자는 지급청구권을 가질 수 있다.

(3) 지급방법

확정급여형 퇴직연금제도는 원칙적으로 운용관리기관별 적립비율만큼만 가입자에게 지급하여야 하나, 운용관리기관이 복수일 경우 특정 가입자 퇴사 시 사용자 지급분을 제외한 나머지(총 사외적립 비율에 해당하는 금액) 퇴직급여액은 기준책임준비금 대비 적립금 비율이 법정최저기준을 상회하고 일시에 전체 적립금 대비 상당 비율 이상의 퇴직급여 지급사유가 발생하지 않는다면, 사용자가 지정하는 특정 자산관리기관이 지급할 수 있기 때문에[246] 실무상 간사기관이나 대표지급기관을 정하여 지급하고 있다.

간사기관은 사용자 지시를 해당 퇴직연금 사업자에게 전달하는 업무를 수행할 뿐이다. 따라서 반드시 간사기관만이 퇴직급여를 지급해야 하는 것은 아니며, 특정 퇴직연금 사업자에게 전액지급을 지시하거나 또는 퇴직연금 사업자별로 지급비율(금액)을 정하여 지시하는 것이 가능하다.

---

245) 퇴직급여보장팀 - 1437, 2006. 4. 28.
246) 임금복지과 - 2944, 2009. 11. 24.

나. 확정기여형(DC) 퇴직연금제도

(1) 기본 구조

회사는 부담금만 납부하고 운용은 근로자 스스로 하는 구조로, 회사 부담금을 퇴직연금 규약에서 선정한 퇴직연금 사업자에게 근로자 개인별로 구분하여 적립한다. 근로자가 받을 퇴직급여는 근로자 스스로의 판단과 책임하에 운용한 실적에 따라 변동된다.

(2) 부담금

사용자가 납부하는 부담금은 가입자의 연간 임금총액의 12분의 1(8.34%) 이상이어야 한다. 연간 임금총액이란 당해 사업연도 중에 근로자에게 지급된 임금의 총액으로 근로기준법상 평균임금과는 다르다.[247]

여기서 임금이란 함은 사용자가 근로의 대가로 근로자에게 임금, 봉급, 그 밖에 어떠한 명칭으로든지 지급하는 일체의 금품을 말한다. 행정해석은 초과근무수당,[248] 연차휴가 미사용수당[249]도 포함되는 것으로 본다.

(3) 근로자가 휴직 또는 휴업한 기간의 부담금

휴직 중인 근로자에 대해서도 사용종속관계를 유지하고 있는 한 가입자 자격을 유지하고 있으므로 사용자는 부담금을 납부하여야 한다.[250]

근로자가 휴업을 실시하여 연간 임금총액이 낮아질 경우에는 휴업 사유에 따라

---

247) 퇴직급여법 - 884, 2007. 2. 27.
248) 임금복지과 - 505, 2010. 8. 5.
249) 퇴직연금복지과 - 87, 2008. 4. 1.
250) 퇴직급여보장팀 - 2093, 2006. 6. 20.

달리 적용하여야 한다. 예를 들어 수습사용기간, 업무상 부상·질병, 산전후휴가 기간, 육아휴직기간, 사업주 귀책사유로 인한 휴업, 적법한 쟁의행위기간, 병역법 등의 의무이행기간 및 업무외 부상 질병 기타의 사유로 인하여 사용자 승인을 얻어 휴업한 기간에 대해서는 해당 기간 임금을 제외한 임금총액을 해당 기간을 제외한 기간으로 나눈 금액을 부담금으로 납부해야 한다. 무단결근 등 근로자 귀책사유로 인한 휴업인 경우에는 유·무급을 불문하고 연간 지급된 임금총액의 12분의 1의 금액을 부담금으로 납부하여야 한다.[251] 퇴직연금 설정 전에 제공한 과거근로기간을 퇴직연금 가입기간으로 한다면 당해 기간에 대한 부담금을 전액 납부해야 하며,[252] 분할납부할 수 없다. 과거근로기간을 가입기간에 포함시키기로 '결정한 시점 이전 1년간의 임금총액'을 기준으로 산정한다.

(4) 부담금 납부 및 미납부담금 지연이자

사용자는 부담금을 매년 1회 이상 정기적으로 가입자의 확정기여형 퇴직연금 계정에 납입하여야 한다(퇴직급여법 20조3항). 따라서 월납·반기납·분기납·연납 모두 가능하다. 부담금 납입시기는 규약에 기재하여야 하며, 납입시기를 변경하려면 규약변경절차를 거쳐야 한다.

사용자가 정하여진 기일까지 부담금을 납입하지 아니한 경우 그 다음 날부터 부담금을 납입한 날까지 지연일수에 대하여 연 100분의 40 이내의 범위에서 은행법에 따라 은행이 적용하는 연체금리, 경제적 여건 등을 고려하여 지연이자를 납입하여야 한다(퇴직급여법 20조3항).

지연이자는 부담금을 납입하기로 정해진 날짜의 다음 날을 기산일로 하여 가입자의 퇴직급여를 지급할 사유가 발생한 날부터 14일(당사자 간 합의에 따라 납입 날짜를 연장한 경우 그 연장된 날짜)까지의 기간까지는 연 100분의 10, 그 다음

---

251) 퇴직급여보장팀 - 1090, 2007. 3. 15.
252) 퇴직급여보장팀 - 719, 2006. 3. 8.

날부터 부담금을 납입하는 날까지의 기간은 연 100분의 20의 이율을 적용한다(동법 시행령 11조).

(5) 부담금 미납 시 효과

부담금 또는 지연이자를 납입하지 않은 자는 3년 이하의 징역 또는 2천만 원 이하의 벌금에 처한다. 다만 이 경우 피해자의 명시적 의사에 반하여 공소를 제기할 수 없다(퇴직급여법 44조2호).

다. IRP

(1) 기본 원칙

개인형 퇴직연금제도는 가입자 선택에 따라 가입자가 납입한 일시금이나 사용자 또는 가입자가 납입한 부담금을 적립·운용하기 위하여 설정한 퇴직연금제도로서 급여 수준이나 부담금 수준이 확정되지 않은 퇴직연금제도를 말한다(퇴직급여법 2조10호).

(2) 부담금

(가) 개인형 IRP

개인형 퇴직연금제도를 설정한 사람은 자기의 부담으로 개인형 퇴직연금제도 부담금을 납입한다. 다만 이전 사업에서 받은 퇴직급여제도 일시금 등을 제외한 금액으로 연간 1,200만 원(개인형 퇴직연금제도 계정이 여러 개인 경우에는 부담금의 합계액)을 초과하여 납부할 수 없다(퇴직급여법 24조3항 및 동법 시행령 17조).

(나) 기업형 IRP

상시근로자 10인 미만 사업장에서 간편한 방법으로 확정기여형 퇴직연금과 유사한 형태의 퇴직연금제도를 운영할 수 있도록 인정한 특례를 말한다. 기업형 IRP는 사용자가 부담금을 부담하고, 가입근로자는 자기 부담으로 추가 부담금 납입이 가능하며 납입한도는 없다. 사용자는 개인형 퇴직연금제도 가입자의 퇴직사유가 발생한 때에 해당 가입자에 대한 부담금을 납입하지 않은 경우에는 그 사유가 발생한날로부터 14일 이내에 부담금과 지연이자를 해당 가입자의 개인형 퇴직연금제도 계정에 납입하여야 한다. 특별한 사정이 있는 경우에는 당사자 간 합의에 따라 납입기일을 연장할 수 있다.

사용자가 정기적으로 부담금을 납입하기로 정하여진 기일까지 부담금을 납입하지 않았다면 그 다음 날부터 지연이자가 기산된다. 이 법의 시행(2012년 7월 26일) 이후 도래하는 정기납입일 이후 부담금을 미납하는 경우 지연이자가 발생한다.

라. 퇴직연금 변경

(1) 기본 원칙

퇴직연금제도를 변경할 때에도 퇴직연금 도입과 동일하게 근로자대표의 동의 또는 의견청취와 퇴직연금 규약 변경 신고절차를 거쳐야 한다.

※ 규약 변경 절차
① "규약 변경 대비표" 및 "신규약" 작성
② "근로자대표 동의서" 작성
③ "퇴직연금 규약 변경신고서" 작성
④ 회사 소재지 관할 노동관서에 위의 서류를 제출
⑤ 고용노동청에서 규약 심사 후 회사에 변경수리 문서 통보

(2) 퇴직연금 유형 변경 및 적립금 처리방안

종전	변경	적립금 처리방안
DB	DC	• 변경방법 : DC형 퇴직연금 신규계약 체결 및 부담금 입금 • DB적립금은 DC부담금으로 일시 납부, DC기산일은 DB기산일과 동일(합산)
DC	DB	• DC는 회사가 가입자별로 부담금을 납입하면 퇴직금 정산이 완료된 것으로 보며, 개인별로 운용수익률에 차이가 있어 DB로 이전하는 것이 불가능 • 다만 DC를 유지하면서, DB신규계약 체결 및 신고는 가능함 이때 DB기산일은 DC부담금 납입 이후부터 적용됨

마. 퇴직연금 지급

(1) 개인형 퇴직연금계정 지급원칙

급여의 지급은 가입자가 지정한 개인형 퇴직연금제도 계정으로 이전하는 방법으로 한다(퇴직급여법 17조4항). 근로자의 평균 근속기간이 짧은 노동시장 현실에서 노후재원 확보를 위한 퇴직급여제도의 취지를 살리기 위해서는 퇴직연금제도 간의 연속성을 강화할 필요가 있어 본 규정을 둔 것이다.[253] 퇴직연금 급여는 근로자가 지정한 개인형 퇴직연금제도 계정으로 지급하는 것이 원칙이므로 '퇴직연금 체불금'의 경우에도 사용자는 근로자가 지정한 개인형 퇴직연금제도로 해당 체불 퇴직급여를 직접 지급해야 한다.

(2) 예외

① 가입자가 55세 이후에 퇴직하여 급여를 받는 경우 ② 가입자가 급여를 담보

---

[253] 근로자퇴직급여 보장법 2011년 개정 취지

로 대출받은 금액 등을 상환하기 위한 경우, 이 경우 가입자가 지정한 개인형퇴직연금제의 계정으로 이전하지 않은 금액은 담보대출 채무상환 금액을 초과할 수 없다. ③ 퇴직급여액이 150만 원 이하인 경우 ④ 근로자의 사망으로 인한 퇴직인 경우 ⑤ 한시적 체류자격으로 국내에서 근로를 제공하고 퇴직하는 외국인근로자 또는 퇴직과 동시에 해외로 출국하는 외국인근로자에 대해서도 개인형 퇴직연금 계정으로 이전하지 않을 수 있다.

(3) 계정 미지정 시 조치

가입자가 개인형 퇴직연금제도 계정을 지정하지 않은 경우에는 해당 퇴직연금 사업자가 운영하는 계정으로 이전한다. 이 경우 가입자가 해당 퇴직연금 사업자에게 개인형 퇴직연금제도를 설정한 것으로 본다(퇴직급여법 17조5항).

(4) 지급의무 불이행 시 효과

근로자가 퇴직할 때 급여를 지급하지 않거나 부담금 또는 지연이자를 납입하지 않은 자에 대하여는 3년 이하의 징역 또는 2천만 원 이하의 벌금에 처한다. 다만, 이는 피해자의 명시적 의사에 반하여 공소를 제기할 수 없는 반의사불벌죄에 해당한다(퇴직급여법 44조2호).

바. 퇴직연금 폐지·중단

(1) 퇴직연금 폐지·중단 사유

퇴직연금제도가 폐지되는 경우란 시행 중이던 퇴직연금제도를 노사합의로 폐지하거나, 혹은 사업장이 폐업하거나, 시행 중인 퇴직연금제도를 다른 형태의 퇴직연금제도로 변경하면서 기존 제도를 폐지하는 경우 등이다.

퇴직연금제도가 중단되는 경우는 사용자의 일시적인 재정압박으로 부담금을 납부하지 못한 경우, 당해 사업장의 퇴직연금을 관리하던 연금사업자가 퇴직급여법 27조에 따라 등록이 취소된 이후 고용노동부장관이 당해 사업장의 연금업무를 다른 연금사업자에게 이전명령을 내리기 전까지의 기간 등이 해당된다.

(2) 퇴직연금제도 폐지·중단 시 적립금 처리방법

(가) 퇴직연금제도 폐지 시
1) 급여지급 방법
사용자와 퇴직연금 사업자는 퇴직연금제도가 폐지되어 가입자에게 급여를 지급하는 경우에 가입자가 지정한 개인형 퇴직연금제도 계정으로 이전하는 방법으로 지급하여야 한다. 가입자가 개인형 퇴직연금제도 계정을 지정하지 않은 경우에는 해당 퇴직연금 사업자가 운영하는 계정으로 이전한다(퇴직급여법 38조4항).

2) 퇴직금 중간정산 간주
퇴직연금제도의 폐지로 인하여 가입자가 급여를 일시금으로 지급받은 경우에는 퇴직금을 중간정산하여 받은 것으로 본다(퇴직급여법 8조2항). 따라서 중간정산한 부분에 대한 사용자의 퇴직급 지급의무는 소멸한다. 이때 중간정산 대상기간 산정방식이 문제 되는데, 퇴직금과 퇴직연금의 적립금이 정확하게 일치하기 어렵기 때문에 중간정산 기준이 필요하다. 퇴직연금제도 형태에 따라 중간정산 대상기간 기준이 달라진다.

① 확정급여형 퇴직연금제도
확정급여형 퇴직연금의 중간정산 대상기간은 중간정산금을 기준으로 환산한다. 중간정산금은 사업별로 적립된 금액을 가입자별 근속기간·평균임금·급여 수준 등을 고려하여 안분·산정하고, 중간정산대상기간은 중간정산금을 기준으로

환산한다.

② 확정기여형 퇴직연금제도와 기업형·개인형 퇴직연금제도

확정기여형 퇴직연금과 기업형·개인형 퇴직연금제도 중간정산 대상기간은 가입자별로 퇴직연금에 가입된 날부터 사용자가 부담금을 납부한 날까지로 한다. 중간정산금은 가입자별로 적립된 금액, 즉 사용자 부담금을 근로자가 운용한 결과금이 된다. 확정기여형 퇴직연금과 기업형·개인형 퇴직연금에서는 사용자 부담금이 사전에 결정될 뿐 퇴직급여 수준은 부담금 운용 결과에 따라 달라지므로 적립된 금액 전체를 퇴직금 중간정산으로 보게 되는 것이다. 확정기여형 퇴직연금과 기업형·개인형 퇴직연금의 중간정산 대상기간은 퇴직연금제도가 중단 또는 폐지된 시점이 아니라 부담금이 납부된 날까지다.

(나) 퇴직연금제도 중단 시

퇴직연금 폐지와 달리 중단의 경우는 일정 기간 동안 잠정적으로 제도가 중단된 것으로, 운용관리 및 자산관리계약이 자동적으로 해지되는 것은 아니다. 이 경우 퇴직급여의 지급, 적립금 운용 및 운용현황 통지, 가입자 교육 등의 기본적인 업무는 유지된다. 확정급여형 퇴직연금은 적립금을 그대로 두고, 확정기여형 퇴직연금은 근로자 본인의 부담과 책임으로 계속 적립금을 납입하는 방법도 있다.

2장
연차수당

2장
연차수당

1절 용어 정리

1. 연차휴가

사용자는 1년간 80퍼센트 이상 출근한 근로자에게 15일의 유급휴가를 주어야 하고, 계속하여 근로한 기간이 1년 미만인 근로자 또는 1년간 80퍼센트 미만 출근한 근로자에게 1개월 개근 시 1일의 유급휴가를 주어야 한다(근로기준법 60조1·2항). 근로자는 입사일로부터 1년이 되는 날부터 연차유급휴가를 청구할 수 있다. 근속기간이 1년이 되기 전에 이미 연차휴가를 사용하였거나 사용자가 연차사용촉진을 한 경우에는 연차휴가를 청구할 권리가 소멸된다.

2. 연차휴가수당

사용자는 연차휴가에 대하여 취업규칙 등에서 정하는 통상임금 또는 평균임금을 지급하여야 한다(근로기준법 60조5항). 이는 별도 급여를 지급하는 것이 아니라 연차휴가를 사용하더라도 급여를 공제하지 않는 것으로 휴가를 사용하거나 사용하지 않거나 동일한 급여가 지급된다는 의미다. 이와 같이 연차휴가기간 동안에 유급으로 당연히 지급되어야 하는 통상임금 또는 평균임금을 연차휴가수당이라 한다. 따라서 연차휴가수당은 임금에 해당한다.

3. 연차휴가 미사용수당

연차휴가가 발생한 때로부터 1년간 전부 사용하지 못하는 경우 1년이 도과한 시점부터 사용하지 못한 연차휴가에 대해 수당으로 지급하여야 한다. 이를 노동부 지침에서는 연차휴가 미사용수당이라고 칭한다. 연차휴가수당과는 별개의 개념으로 연차휴가가 발생한 날로부터 2년이 경과한 시점부터 청구할 수 있다. 연차휴가 미사용수당 역시 임금이다.

연차휴가수당과 연차휴가 미사용수당을 포괄하여 연차수당이라 한다.

 관/련/판/례

연차유급휴가일수를 근로자가 파업 중 근로를 제공하지 않은 기간에 비례하여 삭감할 수 있는지 여부[254]

연차유급휴가는 근로자가 사용자에게 근로를 제공하는 관계에 있다는 사정만으로 당연히 보장받을 수 있는 것이 아니라, 1년간 8할 이상 출근하였을 때 비로소 부여받을 수 있는 것이므로 다른 특별한 정함이 없는 이상 이는 1년간 근로의 대가라고 볼 수 있고, 근로자가 연차유급휴가를 사용하지 못하게 됨에 따라 사용자에게 청구할 수 있는 연차휴가(미사용)수당은 임금이라고 할 것이다.

〈대법원 2013. 12. 26. 선고 2011다4629 판결〉

---

254) 백신옥, 노동판례 비평 : 대법원 노동사건 판례 경향 분석 및 주요 판례 평석 제18호(2013년) 245-259

2절 연차휴가 미사용수당의 의의와 연차휴가와의 관계

1. 연차휴가 미사용수당의 발생시점

연차휴가 미사용수당은 원칙적으로 입사 후 2년이 되는 시점에 연차휴가청구권이 소멸하며 발생한다. 즉 입사일로부터 1년이 경과하면 15일의 연차휴가가 발생하며 이후 1년간 자유로이 연차를 사용할 수 있고, 1년의 기간이 경과하면 연차휴가청구권은 소멸하고 연차휴가 미사용수당 청구권이 발생하는 것이다.

연차휴가(미사용)근로수당을 청구할 수 있는 권리는 원칙적으로 연차휴가를 청구할 수 있는 권리가 소멸한 날의 다음 날에 발생한다고 보아야 할 것임. 다만 (구)근로기준법 42조를 적용함에 있어 그 지급시기는 단체협약 등에 정함이 있는 경우에는 그에 따라야 하나 정함이 없는 경우에는 연차휴가를 실시할 수 있는 1년의 기간이 만료된 후 최초의 임금정기지급일을 지급시기로 보아야 한다고 사료됨.

(근기 68207-988, 2003. 8. 7.)

2. 사용자 귀책사유

연차휴가 사용기간은 원칙적으로 1년이지만 사용자 귀책사유로 사용하지 못하는 경우에는 연차휴가가 소멸되지 않는다. 휴가청구권 소멸시효는 사용자 귀책사유가 종료된 시점부터 기산하는 것으로 본다. 연차휴가 미사용수당청구권도 연차휴가가 소멸되는 시점에 발생하는 것으로 보아야 한다.

취업규칙 등에 "사용자의 귀책사유로 인해 연차유급휴가를 사용치 못한 경우 해당 연차유급휴가일수에 대한 소정의 임금을 연차유급휴가수당으로 지급한다"고 규정한다 하더라도 이는 유효하지 않으며 근로자의 연차유급휴가 청구권은 존속됨.

(근기 10254-8982, 1990. 6. 28.)

사용자 귀책사유로 연차휴가를 실시하지 않았을 때에는 임금으로 대체할 수 있으며, 이때 귀책사유라 함은 근로자가 휴가를 청구하였음에도 회사 사정에 의하여 실시하지 못했음을 의미함.

(근기 1455-13414, 1981. 4. 30.)

3절 수당 지급시기 및 기준

1. 연차휴가수당 지급시기 및 지급기준

연차휴가수당은 취업규칙 등에서 정한 기준에 따라 통상임금 또는 평균임금을 기준으로 하여, 연차휴가를 주기 전이나 직후의 임금지급일에 주어야 한다. 실무적으로는 통상임금으로 산정하여 지급하며 연차휴가를 사용한 월을 기준으로 한 시점의 통상임금을 산정하여 지급한다.

2. 연차휴가 미사용수당의 지급시기 및 지급기준

가. 재직근로자

연차휴가 미사용수당청구권은 연차휴가청구권이 소멸된 다음 날 발생하지만,

발생일 이후 최초의 정기 임금지급일에 지급되어야 한다고 보는 것이 행정해석의 태도다.[255] 연차휴가 미사용수당은 일반적으로 휴가를 청구할 권리가 있는 연도분의 연차휴가에 대하여 보상하는 것이므로 최종 휴가청구권이 있는 달의 임금지급일의 임금을 기준으로 산정되어야 한다.[256]

그러므로 연차휴가 미사용수당의 지급시기를 취업규칙 등으로 입사일이 속한 매 분기 말로 새롭게 규정하는 것은 근로자에게 불이익하므로 취업규칙 불이익변경절차를 거쳐야 하는 것으로 해석된다.[257]

나. 퇴직으로 인하여 비로소 발생한 연차휴가 미사용수당

행정해석은 근로자가 연차를 사용하지 않고 퇴직하는 경우에는 미사용한 휴가 일수에 대해 미사용수당을 지급하여야 한다고 보고 있다.[258] 판례 역시 연차휴가 미사용수당청구권이 근로자 퇴직으로 인하여 소멸하지 않고 퇴직 전에 연차휴가 미사용수당청구권을 행사하지 않았다고 하여 발생하지 않는 것은 아니라는 입장이다.

관/련/판/례

연차휴가를 이용하지 아니하고 계속근로한 근로자들은 사용자에 대하여 그 휴가일수에 해당하는 임금을 청구할 수 있고 이러한 임금의 지급청구권은 근로자의 퇴직으로 소멸하지 않고, 퇴직 전에 연차휴가 청구권을 행사하지 않았다고 하여 발생하지 않는 것도 아니며, 사용자의 연차휴가 미사용수당 지급의무는 연차휴가에 대한 금전보상을 규정하고 있는 사용자의 보수규정이 무효인지의 여부와 관련없이 발생한다

〈대법원 1990. 12. 26. 선고 90다카13465 판결〉

---

255) 근기 68207-988, 2003. 8. 7
256) 근기 01254-3999, 1990. 3. 19
257) 근기 68207-988, 2003. 8. 7.
258) 근기 01254-6634, 1987. 4. 23.

이는 입사일로부터 1년이 지나고 근속연수가 2년 미만인 경우에 연차휴가청구
권은 발생하였으나 연차휴가 미사용수당청구권은 아직 발생하지 않은 경우에도
퇴직이라는 예외사유가 발생한다면 퇴직으로 인한 연차휴가 미사용수당청구권
이 발생하게 된다. 이 수당은 퇴직 시 월급여와 별도로 정산되어야 한다. 퇴직일로
부터 14일 이내에 통상임금 또는 평균임금으로 산정되어 지급되어야 하며, 지급기
준은 수당 지급 당시의 임금을 기준으로 한다.[259]

다. 1년 미만 근속기간 중 발생한 연차휴가

1년 미만 근속 후 퇴직하는 경우에도 사용하지 않은 연차휴가에 대하여 퇴직으
로 인하여 비로소 발생하는 연차휴가 미사용수당을 반드시 정산해 주어야 한다
는 것이 행정해석의 태도다.

> **지 침**
>
> 근로기준법 60조2항에 따라 사용자는 계속하여 근로한 기간이 1년 미만인 근로자에게 1개
> 월 개근 시 1일의 유급휴가를 주어야 함. 퇴직 등 근로관계가 종료되는 근로자가 이로 인해
> 사용하지 못하는 미사용 연차휴가일수에 대하여는 수당으로 퇴직일로부터 14일 이내에 취
> 업규칙이나 그 밖의 정하는 바에 따라 통상임금 또는 평균임금을 지급하여야 함.
> (임금근로시간정책팀-1914, 2007. 5. 25.)

라. 받을 수 있는 연차휴가 미사용수당 범위

연차유급휴가를 사용하기 전 근로관계가 종료된 경우 받을 수 있는 연차휴가수
당의 범위는 사용하지 못한 연차휴가일수 전부에 상응하는 연차휴가수당이다.[260]

---

259) 근기 01254-13399, 1986. 8. 16.
260) 대판 2005. 5. 27. 2003다48549

관/련/판/례

유급으로 연차휴가를 사용할 권리는 근로자가 1년간 소정의 근로를 마친 대가로 확정적으로 취득하는 것이므로, 근로자가 일단 연차유급휴가권을 취득한 후에 연차유급휴가를 사용하기 전에 퇴직 등의 사유로 근로관계가 종료된 경우 근로관계의 존속을 전제로 하는 연차휴가를 사용할 권리는 소멸한다 할지라도 근로관계의 존속을 전제로 하지 않는 연차휴가수당을 청구할 권리는 그대로 잔존하는 것이어서 근로자는 근로관계 종료 시까지 사용하지 못한 연차휴가일수 전부에 상응하는 연차휴가수당을 사용자에게 청구할 수 있는 것이다. 〈대법원 2005. 5. 27. 선고 2003다48549 판결〉

4절 연차휴가일에 근무할 경우 가산임금 지급문제

근로자가 연차휴가를 청구한 시기에 사용자가 휴가를 부여하지 않아 근로자가 근로를 하는 경우 휴일근로수당을 지급하지는 않는다.

관/련/판/례

가산임금제도는 연장·야간·휴일근로가 기준근로시간 내에서 행하여지는 근로보다 근로자에게 더 큰 피로와 긴장을 가져오게 하며, 근로자가 누릴 수 있는 생활상의 자유시간을 제한하는 것이 되므로, 이에 상응하는 경제적 보상을 하여 주려는 것인 데 대하여, 연차휴가제도는 연장근로나 유급 주휴제와는 달리 근로자의 정신적·육체적 휴양을 통하여 문화적 생활의 향상을 기하려는 데 그 취지가 있어 상이한 제도이고, 가산임금은 연장·야간·휴일근로에 대해 적용하도록 규정되어 있고 동 휴일에는 연차휴가는 포함되지 않는다고 보는 것이 상당하다. 〈대법원 1991. 6. 28. 선고 90다카14758 판결〉

만약 연차휴가일에 근로하는 경우에는 유급휴가이기 때문에 지급되는 임금과

근로를 제공한 대가인 임금을 합하여 당일 임금의 200%를 지급하여야 한다.[261]

5절 수당 지급 후 임금인상 시 소급지급 여부

1. 소급지급의 원칙

회계연도 기준으로 연차를 산정하는 경우 금년에 발생한 연차휴가 중 사용하지 못한 연차휴가에 대하여 내년 1월에 연차휴가 미사용수당을 지급하는데, 이때 연차휴가 미사용수당은 전월인 12월 통상임금을 기준으로 산정한다. 연봉협상이 이루어지지 않아 내년 중 임금이 인상되어 그 인상분을 소급하여 지급하는 경우 작년 12월의 통상임금을 기준으로 내년 1월에 지급된 연차휴가 미사용수당도 인상분을 소급하여 정산하고 지급하여야 한다. 임금인상분의 소급지급은 임금인상 시 재직 중인 근로자에게만 적용되는 것을 원칙으로 하고, 임금인상 전 퇴직한 근로자에게는 적용하지 않는다.[262]

2. 포괄임금제하에서 연차휴가 미사용수당이 선지급된 경우

포괄임금제를 시행함에 따라 급여에 연차휴가 미사용수당을 포함하여 지급할 때 임금인상이 됐다면 매월 선지급된 연차휴가 미사용수당에 대해서도 차액을 소급하여 지급하여야 한다.[263]

---

261) 근기 01254-16101, 1991. 11. 6
262) 근기 68207-1506, 1995. 9. 14.
263) 이레이버(www.elabor.co.kr) 〈이슈&리포트〉 "연차휴가 수당 지급 후 임금인상 확정"

 근로자의 근로기간이 1년에 이르지 못한 상태에서 연차휴가 미사용수당을 미리 지급하였다 하더라도 동 수당은 1년간 근로의 대가로 지급되어지는 것임에 비추어 볼 때 이를 그 지급되는 월의 임금으로는 볼 수 없다.
(임금 68207-772, 2001. 11. 8.)

연차휴가 미사용수당을 매월 급여에 포괄하여 지급하는 상황에서 임금이 인상되는 경우 인상 시점을 기준으로 이전에 지급된 연차휴가 미사용수당에 대해서는 차액을 정산하여 지급하고, 인상 이후에는 인상된 급여를 기준으로 통상임금 또는 평균임금을 산정하여 연차휴가 미사용수당을 지급하여야 한다.

6절 연차휴가 미사용수당과 평균임금

1. 퇴직시점에 따른 연차휴가 미사용수당과 평균임금의 산정

① 퇴직하기 전 이미 발생한 연차휴가 미사용수당

퇴직 전전년도 출근율에 의하여 퇴직 전년도에 발행한 연차유급휴가 중 미사용 휴가에 대하여 퇴직 전 이미 연차휴가 미사용수당으로 전환된 경우다.

② 퇴직으로 인해 비로소 지급사유가 발생한 연차휴가 미사용수당

퇴직 전년도 출근율에 의하여 퇴직연도에 발생한 연차유급휴가를 미사용하고 퇴직함으로써 비로소 지급사유가 발생한 연차휴가 미사용수당이다.

③ 행정해석의 입장

퇴직 전 이미 발생한 연차휴가 미사용수당은 12분의 3을 '퇴직금 산정을 위한

평균임금 산정 기준임금'에 포함하지만, 퇴직으로 인해 비로소 지급사유가 발생한 연차휴가 미사용수당은 평균임금의 정의상 산정사유 발생일 이전에 그 근로자에 대하여 지급된 임금이 아니므로 '퇴직금 산정을 위한 평균임금 산정 기준임금'에 포함되지 않는다.[264]

④ 판례

퇴직금 산정의 기준이 되는 평균임금은 퇴직하는 근로자에 대하여 퇴직한 날 이전 3개월간에 그 근로의 대상으로 지급된 임금의 총액을 그 기간의 총일수로 나눈 금액을 말한다. 퇴직하는 해의 전 해의 출근율에 따른 연차휴가 미사용수당은 퇴직 전년 1년간 근로의 대가이지 퇴직하는 그해의 근로에 대한 대가가 아니므로, 연차휴가청구권의 기초가 된 출근율 산정기간의 일부가 퇴직한 날 이전 3개월간 내에 포함되는 경우에 그 포함된 부분에 해당하는 연차휴가 미사용수당만이 평균임금 산정의 기준이 되는 임금총액에 산입된다.[265]

2. 연차휴가 미사용수당의 반납

연차휴가 미사용수당에 대해 청구권을 포기하기로 약정하고 회사에 반납하는 것은 근로자 자유의사에 의한 경우에 한하여 인정된다. 근로자 자유의사에 기한 유효한 반납으로서 인정받기 위해서는 근로자에게 반납신청서를 받아야 한다. 이때 반납신청서는 연차휴기 미사용수당 반납이라는 점, 구제적인 반납금액 등을 특정하여야 유효한 반납으로 인정된다.[266] 일단 유효한 반납으로 인정되면 근로자가 퇴사 시점에 이를 다시 지급할 것을 사용자에게 청구하는 것이 허용되지 않는다는 것이 노동부 행정해석의 태도다.[267] 다만 이때 반납된 금액은 퇴직금 산정을

---

264) 근기 68207-2422, 1993. 11. 22.
265) 대판 2011. 10. 13. 2009다86246
266) 근기 1477, 2010. 10. 27.
267) 근기 68207-1477, 2010. 10. 27.

위한 평균임금 산정시 임금총액에 반영되는 것이 원칙이다.[268]

3. 연차휴가 미사용수당의 체당금 포함 여부

가. 체당금 의의

체당금이란 임금채권보장법에 따라 사업주의 파산 등의 사유로 퇴직한 근로자가 임금 등의 지급을 받지 못한 경우에 임금채권보장기금에서 국가(고용노동부장관)가 사업주를 대신하여 해당 근로자에게 지급하는 미지급 임금 등을 말한다.

임금채권보장법 2조3호는 '임금 등'을 근로기준법 2조·34조·46조에 따른 임금, 퇴직금 및 휴업수당이라고 규정하고 있다.

나. 체당금 지급사유

임금채권보장법 7조1항에 따라 고용노동부장관은 사업주가 ① 파산선고 결정이 있는 경우 ② 회생절차개시 결정이 있는 경우 ③ 고용노동부장관이 대통령령에 따라 미지급 임금지급 능력이 없다고 인정하는 경우 ④ 임금지급 판결·명령·조정 또는 결정 등이 있는 경우에는 체당금을 지급할 수 있다.

다. 체당금 지급액

고용노동부장관이 사업주를 대신하여 "최종 3개월분의 임금, 최종 3년간의 퇴직급여 등, 최종 3개월분의 휴업수당"을 지급하도록 규정하고 있다. 다만 대통령령으로 정하는 바에 따라 체당금의 상한액은 근로자의 퇴직 당시 연령 등을 고려하

---

268) 근기 68207-1875, 2002. 5. 9.

여 따로 정할 수 있으며 체당금이 적은 경우에는 지급하지 않을 수 있다(임금채권보장법 7조2항).

라. 연차휴가 미사용수당 포함 여부

체당금 지급범위 중 "최종 3개월의 임금"이란 당해 근로자의 퇴직일 또는 사실상 근로관계가 종료된 날부터 소급하여 3개월간 근로로 인하여 지급사유가 발생한 일체의 임금을 말한다. 최종 3개월간의 기간 동안에 근로의 대가로 발생한 상여금은 "최종 3개월분의 임금"에 포함하여 처리하되, 체당금을 산정함에 있어 해당기간 동안 지급 또는 지급이 결정된 상여금은 그 결정기간에 따라 비례하여 해당 월의 임금에 포함시켜 처리하면 된다. 그러나 퇴직으로 인하여 비로소 지급사유가 발생한 연차휴가 미사용수당은 최종 3개월간 근로의 대가가 아니며, 지급의무 발생 시기도 퇴직 이전 3개월간에 발생한 것이라 할 수 없으므로 체당금 지급범위에 포함되지 않는다.[269]

4. 연차휴가 미사용수당과 확정기여형(DC) 퇴직연금제도

퇴직급여법 19조에 따라 확정기여형(DC) 퇴직연금제도를 설정한 사용자는 동법 20조에 따라 가입자의 연간 임금총액의 12분의 1 이상에 해당하는 부담금을 현금으로 가입자의 확정기여형 퇴직연금제도 계정에 납입하여야 한다. 이 경우 '연간 임금총액'이라 함은 당해 사업연도 중에 근로자에게 지급된 임금의 총액이라는 점에서 근로자의 퇴직으로 인해 비로소 지급사유가 발생한 연차휴가 미사용수당도 근로의 대가로 발생한 임금에 해당한다. 확정기여형(DC) 퇴직연금 부담금 산정 시 납입하여야 한다.[270]

---

269) 임금68207-245, 2001. 7. 14.
270) 퇴직연금복지과-87, 2008. 4. 1.

5. 연차휴가 미사용수당과 최저임금 산입 여부

최저임금법 시행규칙 별표1(최저임금에 산입하지 아니하는 임금의 범위)에 따르면 '연차휴가근로수당(미사용수당)'은 최저임금에 산입되지 않는다. 포괄임금제 등을 실시하면서 연차휴가 미사용수당을 포함시킨 경우에는 동 수당금액을 제외한 금액을 기준으로 최저임금 위반 여부를 판단하여야 한다.

7절 연차휴가 미사용수당 미지급과 형사처벌

1. 재직 중인 근로자

〈근로기준법〉
제109조【벌칙】 ① 제36조, 제43조, 제44조, 제44조의 2, 제46조, 제56조, 제65조 또는 제72조를 위반한 자는 3년 이하의 징역 또는 2천만원 이하를 벌금에 처한다.
② 제36조, 제43조, 제44조, 제44조의2, 제46조 또는 제56조를 위반한 자에 대하여는 피해자의 명시적인 의사와 다르게 공소를 제기할 수 없다.
제115조【양벌규정】 사업주의 대리인, 사용인, 그 밖의 종업원이 해당 사업의 근로자에 대한 사항에 대하여 제107조, 제109조부터 제111조까지, 제113조 또는 제114조의 위반행위를 하면 그 행위자를 벌하는 외에 그 사업주에게도 해당 조문의 벌금형을 과한다. 다만 사업주가 그 위반행위를 방지하기 위하여 해당 업무에 관하여 상당한 주의와 감독을 게을리하지 아니하는 경우에는 그러하지 아니하다.

사용자가 연차휴가 미사용수당을 지급하지 않으면 임금체불로 형사처벌 대상이 된다. 근로기준법 43조 임금 전액지급 원칙에 위반되어, 109조에 따라 처벌되며, 이 규정은 양벌규정으로 적용된다. 109조 위반죄의 경우 피해자가 명시적으로 처벌을 원하지 않는다는 의사를 표현한 경우에는 공소를 제기할 수 없도록 하는 반의사불벌죄로 규정되어 있다.

2. 퇴직근로자

가. 금품청산

〈근로기준법〉
제36조【금품청산】 사용자는 근로자가 사망 또는 퇴직한 경우에는 그 지급사유가 발생한 때부터 14일 이내에 임금, 보상금, 그 밖에 일체의 금품을 지급하여야 한다. 다만 특별한 사정이 있을 경우에는 당사자 사이의 합의에 의하여 기일을 연장할 수 있다.
제109조【벌칙】 ① 제36조, 제43조, 제44조, 제44조의2, 제46조, 제56조, 제65조 또는 제72조를 위반한 자는 3년 이하의 징역 또는 2천만 원 이하의 벌금에 처한다.
② 제36조, 제43조, 제44조, 제44조의2, 제46조 또는 제56조를 위반한 다에 대하여는 피해자의 명시적인 의사와 다르게 공소를 제기할 수 없다.

근로자가 사망 또는 퇴직한 경우 사용자는 14일 이내에 임금 등 일체의 금품을 지급하여야 한다. 여기에는 임금·보상금·퇴직금·연말정산 환급금[271]뿐만 아니라 연차휴가 미사용수당도 포함된다. 근로자의 퇴직 시 연차휴가 미사용수당을 14일 이내에 지급하지 않으면 근로기준법 109조의 벌칙이 적용된다. 이때 퇴직근로자에게 연차휴가 미사용수당을 14일 이내에 지급하지 않는다면 근로기준법 제43조의 임금 전액지급 원칙과 36조 금품청산 위반 두 가지 모두 적용된다.

다른 재직근로자들과 동일한 시기에 지급할 목적으로 사업주가 정한 본래 급여일에 지급하는 경우에도 퇴직 후 14일이 도과하여 지급하였다면 근로기준법 위반에 해당한다.

---

[271] 대판 2011. 5. 26. 2009도2357

근로자와의 합의로 퇴직 후 14일의 지급기일을 연장할 경우 적법하게 연장된 지급기일까지는 형사처벌이 적용되지 않는다. 기일 연장에 대한 당사자 합의는 기간이나 횟수에 제한이 없다고 보는 것이 판례의 태도다.[272]

나. 지연이자

〈근로기준법〉
제37조【미지급 임금에 대한 지연이자】 ① 사용자는 제36조에 따라 지급하여야 하는 임금 및 「근로자퇴직급여 보장법」 제2조제5호에 따른 급여(일시금만 해당된다)의 전부 또는 일부를 그 지급사유가 발생한 날부터 14일 이내에 지급하지 아니한 경우 그 다음 날부터 지급하는 날까지의 지연일수에 대하여 연 100분의 40 이내의 범위에서 「은행법」에 따른 은행이 적용하는 연체금리 등 경제여건을 고려하여 대통령령으로 정하는 이율에 따른 지연이자를 지급하여야 한다.
② 제1항은 사용자가 천재·사변, 그 밖에 대통령령으로 정하는 사유에 따라 임금 지급을 지연하는 경우 그 사유가 존속하는 기간에 대하여는 적용하지 아니한다.

〈근로기준법 시행령〉
제17조【미지급 임금에 대한 지연이자의 이율】 법 제37조 제1항에서 "대통령령으로 정하는 이율"이란 연 100분의 20을 말한다.

근로기준법은 사용자가 근로자에게 임금 등을 지급하지 않는 경우 연 20%의 지연이자를 지급하도록 규정하고 있다. 연차휴가 미사용수당도 임금이므로 근로자의 퇴직 또는 사망일로부터 14일이 도과하는 날부터 실제로 근로자에게 지급하는 날까지의 지연일수에 대해 연 20%의 지연이자를 지급하여야 한다.

이때 당사자 합의로 지급기일을 적법하게 연장한 경우에도 형사처벌 면제 효과만 있을 뿐이고, 지연이자는 지급하여야 한다.

---

[272] 대판 1998. 10. 15. 98도1759 전원합의체 판결

3. 36조 및 43조 위반과 소멸시효·공소시효

민사상 절차에서 연차휴가 미사용수당은 임금에 해당하므로 근로기준법 49조에 따라 3년의 소멸시효가 적용된다. 재직근로자의 경우 43조 위반죄는 연차휴가청구권 소멸 후 첫 임금지급일로부터 소멸시효가 기산되며, 퇴직근로자의 경우 43조 및 36조에 위반되는 퇴직일로부터 14일이 경과한 날부터 기산되어 3년의 소멸시효가 적용된다. 각각의 기산일로부터 3년 이내에 민사상 청구를 하여야 한다.

형사상 공소시효는 형사소송법 252조1항에 따라 범죄행위가 종료된 때부터 진행하므로, 재직근로자와 퇴직근로자의 경우 각각의 기산일로부터 5년이 경과하면 공소를 제기할 수 없게 된다. 36조 위반행위와 43조 위반행위는 그 구성요건이 다른 별개의 범죄다. 실체적 경합관계에 있으므로 공소시효 역시 각각 진행되는 것으로 보는 것이 행정해석의 태도다.[273]

한편 형사상 공소시효는 완성되었다고 하더라고 소멸시효 중단 등으로 임금채권 소멸시효가 완성되지 않았다면 민사상 절차에 따라 임금채권을 행사할 수 있다.

8절 소멸시효

1. 연차휴가청구권의 소멸시효

〈근로기준법 시행령〉
제60조 【연차유급휴가】 ⑦ 제1항부터 제4항까지의 규정에 따른 휴가는 1년간 행사하지 아니하면 소멸된다. 다만 사용자의 귀책사유로 사용하지 못한 경우에는 그러하지 아니하다.

---

273) 임금근로시간정책팀 - 381, 2008. 2. 13.

가. 계속근로연수가 1년 미만인 경우

계속근로연수가 1년 미만인 근로자에게 '1개월 개근 시 1일' 발생되는 월 단위 연차휴가는 발생일로부터 1년간 사용할 수 있다. 만약 해당 근로자가 최초 1년간 80% 이상 출근할 경우에는 금년도에는 '전년도에 발생한 월단위 연차휴가'를 포함한 연차휴가가 15일 발생하므로, 동 연차휴가 전체에 대하여 다시 1년간의 사용기간이 부여된다.

나. 계속근로연수가 1년 이상인 경우

근로기준법 61조1항에 따라 전년도 1년간 80% 이상 출근한 근로자에게 발생하는 연차휴가는 발생한 날로부터 1년간 사용할 수 있고, 1년간 사용하지 않으면 휴가청구권 자체는 소멸한다. 휴가청구권이 소멸된 다음 날에는 연차휴가 미사용수당청구권으로 전환되고 동 청구권은 임금채권이므로 3년의 소멸시효가 적용된다.

다. 휴가청구권 소멸시효 중단

근로기준법 60조7항에 따르면 연차휴가청구권은 1년간 행사하지 않으면 소멸되지만, 사용자 귀책사유로 근로자가 사용하지 못한 경우에는 1년간 행사하지 못하더라도 소멸되지 않는다고 규정하고 있다.

○ 사용자 귀책사유의 의미
'사용자의 귀책사유'란 근로자가 휴가를 청구하였음에도 회사 사정에 의해 시기변경권을 행사하는 경우로, 사용자 귀책사유로 연차휴가를 실시하지 않았을 때에는 임금으로 대체할 수 있다.[274]

274) 근기1455-13414, 1981. 4. 30.

반면 근로기준법 61조에 따라 사용자가 연차휴가 사용촉진 조치를 취한 경우에는 미사용휴가에 대한 사용자 보상의무가 면제된다.

○ 소멸시효가 중단된 경우의 처리

회계연도 기준 사업장에서 전년도 출근율에 따라 금년 1월 1일에 연차휴가가 발생하였으나, 금년 전체를 사용자 귀책사유로 휴업함에 따라 실근로일이 하루도 없게 되어 근로자가 연차휴가를 사용하지 못한 경우에는 휴가청구권이 소멸되지 않고, 소멸시효가 중단된다. 휴가청구권의 소멸시효는 사용자 귀책사유가 종료되어 정상출근한 때로부터 기산되며, 연차휴가 미사용수당 역시 새로운 기산점으로부터 1년간 휴가를 사용하지 않아 휴가청구권이 소멸된 직후의 임금지불일에 발생한다.[275]

취업규칙 등에 "사용자의 귀책사유로 인해 연차휴가를 사용치 못한 경우 해당 연차휴가일수에 대한 소정의 임금을 연차휴가수당으로 지급한다"고 규정한다 하더라도 이는 유효하지 않으며 근로자의 연차휴가청구권은 존속한다.[276]

사용자 귀책사유로 인하여 사용하지 못한 연차휴가는 휴가사용권 자체가 사용자 귀책사유로 근로자가 연차휴가를 사용하지 못한 기간만큼 연장되므로 다음연도에 이월되어 다음 연도 발생분과 합산하여 사용하는 것이 원칙이나, 당사자 간 합의 또는 근로자가 희망하는 경우에 한하여 미사용휴가를 임금으로 대체지급할 수 있다.[277]

2. 연차휴가 미사용수당청구권 소멸시효

연차휴가 미사용수당은 임금에 해당하므로 임금채권 소멸시효인 3년이 적용된

---

275) 근기68207-186, 2000. 1. 25.
276) 근기01254-8982, 1990. 6. 28.
277) 근기68207-333, 1994. 2. 17.

다. 그 기산점은 연차휴가청구권 소멸시효가 완료된 날의 다음 날이다. 즉 전년 1월 1일부터 12월 31일까지 휴가를 사용하지 못한 경우 미사용일수에 대하여 수당으로 청구할 수 있는 권리는 금년 1월 1일부터 3년간이다.[278]

---

[278] 대판 1995. 6. 30. 94다54559

3장
주휴수당

3장
주휴수당

1절 주휴수당의 의의

휴일은 법정휴일과 약정휴일로 나눌 수 있고, 유급과 무급으로 나눌 수 있다.

1. 법정휴일과 약정휴일

휴일은 법에서 의무적으로 부여하도록 규정하고 있는 법정휴일과 노사가 자체적인 결정에 의하여 정하는 약정휴일로 구분된다. 법정휴일과 약정휴일의 종류는 다음과 같다.

〈표〉 법정휴일과 약정휴일의 종류

구분	법정휴일	약정휴일
휴일	• 주휴일(근로기준법 55조) • 근로자의 날 　(근로자의 날 제정에 관한 법률)	• 공휴일 • 기타 사용자가 휴일로 정한 날 　(예, 회사 창립기념일)

법정휴일은 부여기준이나 유급 여부 등이 법으로 규정되어 있다. 약정휴일은 휴일의 부여 여부, 부여조건, 부여일수, 임금지급 여부에 대해 단체협약·취업규칙

등을 통해 노사가 자율적으로 결정할 수 있다.

2. 유급휴일과 무급휴일

휴일의 임금지급 여부에 따라 유급휴일과 무급휴일로 나뉜다. 유급휴일이란 휴일제도의 취지를 살려 근로자가 이를 충분히 활용할 수 있도록 해 주기 위하여 임금 지급이 보장되어 있는 휴일, 즉 휴식을 취하더라도 통상적인 근로를 한 것처럼 임금이 지급되는 날을 말한다.[279] 법정휴일인 주휴일과 근로자의 날은 유급으로 규정되어 있고, 약정휴일은 임금의 지급 여부를 노사가 자율적으로 결정한다.

3. 주휴일의 의의

사용자는 근로자에게 1주일에게 평균 1회 이상의 유급휴일을 주어야 한다(근로기준법 55조). 이 유급휴일을 '주휴일'이라 하며 1주 동안의 소정근로일을 개근한 자에게 주어야 한다(근로기준법 시행령 30조). 이를 위반하는 경우 2년 이하의 징역 또는 1천만 원 이하의 벌금이 부과된다(근로기준법 110조1호).

2절 주휴일 부여요건

1. 1주일에 1회 이상의 의미

---

[279] 최영우 「근로기준법 실무」 466쪽

1주일이란 평균 7일의 기간을 의미하며 반드시 일요일부터 토요일을 의미하지는 않으나, 주휴일에서 다음 주휴일까지의 기간은 7일 이내가 되는 것이 바람직하다. 그런데 '1주일에 평균 1회' 이상 유급휴일을 부여하면 되므로 그 간격이 7일을 초과해도 법 위반으로 볼 수는 없다.[280]

'1회의 유급휴일'이란 1회의 일, 즉 0시부터 24시까지의 역일을 의미하는 것이 원칙이다. 행정해석은 교대제 근로 등의 경우 계속해서 24시간 휴식을 취하도록 하면 휴일을 부여한 것으로 간주된다고 해석하고 있다.

주휴일은 반드시 일요일일 필요는 없으나, 단체협약이나 취업규칙·근로계약서 등에서 특정일을 정해야 한다. 특정일을 주휴일로 지정할 때에는 매주 같은 요일로 하는 것이 바람직하나 근로자가 미리 예측할 수 있도록 규칙적으로 부여한다면 특정일을 지정하지 않는 것도 가능하다.

2. 소정근로일의 개근

1주일의 소정근로일수를 개근한 근로자에게 유급휴일이 주어진다. 주중에 결근이 발생한 경우에는 주휴일 자체는 발생하나, 무급휴일로 주어진다.[281]

이때 '소정근로일'이란 법정근로시간 내에서 당사자가 근로하기로 정한 날이고, '개근'이란 근로제공의무가 있는 소정근로일에 '결근'하지 않은 것을 의미한다.[282] '결근일'이란 법령의 범위 내에서 노사당사자가 근로를 제공하기로 정한 날인 '소정근로일'에 근로자가 임의로 근로를 제공하지 않은 날을 말한다.[283]

다음의 경우 소정근로일에 개근한 것으로 볼 수 있는지가 문제가 된다.

가. 지각 · 조퇴 · 외출 · 휴업 · 휴가

280) 근기 01254-223, 1992. 2. 15.
281) 대판 2004. 6. 25. 2002두2857
282) 근로기준과-5560, 2009. 12. 23.
283) 근로기준과-4336, 2004. 8. 18.

단체협약·취업규칙·근로계약 등에서 정한 소정근로일수에 모두 출근하여 근로를 제공하였다면 지각이나 조퇴 등이 있다 하더라도 개근으로 본다. 지각·조퇴·외출 3회를 결근 1일로 취급하여 주휴 등에 영향을 미치게 함은 부당하다고 보는 것이 행정해석의 태도다.[284] 또한 노사 당사자가 근로를 제공하기로 정한 날인 소정근로일에 임의로 근로를 제공하지 않은 날을 결근일로 보는 것이 행정해석의 태도이기에, 소정근로일 중 휴일·휴가·휴업일도 결근일로 볼 수 없다.

나. 쟁의행위의 경우

(1) 대법원 판례

판례는 파업이 발생한 경우 휴직과 동일한 법리를 적용하여 근로자의 근로제공의무 등 주된 권리, 의무가 정지되어 근로자의 임금청구권이 발생하지 않아 유급휴일에 대한 임금청구권 역시 부인되는 것으로 보고 있다.

행/정/해/석

유급휴일의 특별규정이 적용되기 위해서는 평상적인 근로관계, 즉 근로자가 근로를 제공하여 왔고, 또한 계속인 근로제공이 예정되어 있는 상태가 당연히 전제되어 있다고 볼 것이다. 그러므로 개인적인 사정에 의한 휴직 등으로 인하여 근로자의 주된 권리·의무가 정지되어 근로제공을 하지 아니한 휴직기간 동안에는 특별한 사정이 없는 한 근로제공의무와 대가관계에 있는 근로자의 주된 권리로서의 임금청구권은 발생하지 않는 바, 이러한 경우에는 휴직기간 등에 포함된 유급휴일에 대한 임금청구권 역시 발생하지 않는 다고 보아야 한다. 또한 이러한 법리는 휴직 등과 동일하게 근로자의 근로제공의무 등의 주된 권리·의무가 정지되어 근로자의 임금청구권이 발생하지 아니하는 쟁의행위인 파업에도 적용된다 할 것이므로, 근로자는 파업기간 중에 포함된 유급휴일에 대한 임금의 지급 역시 구할 수 없다.

〈근기 1451-21279, 1984. 10. 20.〉

---

284) 근기 1451-21279, 1984. 10. 20.

(2) 행정해석

행정해석은 적법한 쟁의행위에 대하여 법률상 기본권으로 보장된 것이므로 이로 인하여 정상적인 근로를 제공할 수 없다고 하더라도 쟁의행위기간을 제외한 나머지 근로일수를 기준으로 주휴일 지급 여부를 판단하여 파업기간이 있더라도 유급휴일의 임금청구권을 인정하는 입장이다. 판례와 상반된 태도를 보인다.

근로자의 적법한 쟁의행위는 법률상 기본권으로 보장된 것이므로 이로 인해 정상적인 근로를 할 수 없다 하더라도 쟁의행위기간을 제외한 나머지 근로일수에 대한 출근율에 따라 법상의 주휴·연차유급휴가를 주어야 할 것이다. 다만 쟁의행위기간이 주의 전부, 월의 전부, 연의 전부가 될 때는 휴일·휴가제도의 취지에 비추어 휴일·휴가를 주지 아니하여도 무방할 것이다.
불법한 쟁의행위로 인해 근로를 제공하지 아니하였다면 그에 상당하는 기간은 주휴 및 연차휴가일수 계산을 위한 개근 여부 판단이나 평균임금 계산 시 무단결근으로 처리할 수 있다.
(근기 01254-10522, 1990. 7. 26.)

유급주휴일은 소정근로일을 단위로 하여 그 근로일의 전부를 출근하여 근로를 제공하면 되는 것이며, 근로일의 소정근로시간 수의 전부를 개근해야만 하는 것은 아니라고 사료됨. 결국 질의와 같이 근로시간 중에 부분적인 불법파업으로 1일 8시간의 근로제공이 이루어지지 않은 경우, 단체협약 또는 취업규칙에 따라 징계 등 책임을 물을 수 있는 것과는 별개로 소정근로일을 단위로 하여 그날그날에 출근하여 근로를 제공하였다면 유급주휴일은 부여해야 한다고 판단된다.
(근기 68207-270, 1997. 3. 4.)

다. 대기발령 · 정직 · 출근정지의 경우

회사 사정에 의하여 근로자를 대기발령한 기간은 소정근로일에서 제외된다.[285]

---

285) 근기 1455-322, 1971. 1. 13.

그러나 개인적인 질병이나 구속수감 등과 같이 근로자 귀책사유로 인한 정직이나 휴직의 경우에는 결근한 것으로 본다.[286] 판례는 사용자 징계조치로 인한 정직·직위해제도 결근일로 취급한 바 있다.[287]

3절 주휴일 부여대상

1. 적용제외 대상

가. 감시 또는 단속적 근로자

근로기준법 63조에 규정되어 있는 근로자의 경우 근로기준법상 근로시간과 휴게·휴일에 관한 규정이 적용되지 않는다. 근로기준법 63조에 의하여 주휴일의 적용을 받지 않는 근로자는 다음과 같다.

1. 토지의 경작·개간, 식물의 재식·재배·채취 사업, 그 밖의 농림 사업
2. 동물의 사육, 수산 동식물의 채포·양식 사업, 그 밖의 축산, 양잠, 수산 사업
3. 감시 또는 단속적으로 근로에 종사하는 자로서 사용자가 고용노동부장관의 승인을 받은 자
4. 대통령령으로 정하는 업무에 종사하는 근로자(관리·감독자 및 기밀취급자)

나. 단시간 근로자

---

286) 근기 01254-450, 1990. 1. 11.
287) 대판 2008. 10. 9. 2008다41666

4주 동안(4주 미만으로 근로하는 경우에는 그 기간)을 평균하여 1주 동안의 소정근로시간이 15시간 미만인 근로자에 대해서는 주휴일과 연차유급휴가에 관한 규정이 적용되지 않는다(근로기준법 18조3항).

2. 문제 되는 경우

가. 일용근로자

일용근로자에게 주휴일을 부여하여야 하는지가 문제가 된다. 소정근로일이 없이 1일 단위로 근로계약이 체결되어 다음날의 근로여부를 알 수 없는 일용근로자의 경우 주휴일을 적용하지 않는 것이 원칙일 것이다. 그러나 일용근로자라 하더라도 실질적으로 일정 기간 근로 여부가 정해져 있고, 실제로도 상당한 기간 근로를 제공하여 온 일용근로자라면 주휴일 적용을 받는다. 일용근로자란 명칭으로 1주일을 넘어 근로하여 온 경우에는 주휴일을 유급으로 지급하여야 한다.

나. 도급근로자

도급계약에 따른 도급근로자라 하더라도 계약당사자 사이에 사용종속관계가 인정된다면 근로기준법의 적용을 받는다고 보아야 한다. 계약당사자 사이에 소정근로일이 정해져 있는 경우 그 개근 여부에 따라 주휴일 부여 여부가 결정된다.

다. 근로시간 계산의 특례

근로자가 출장이나 그 밖의 사유로 사업장 밖에서 근로하거나 업무의 성질에 비추어 업무수행방법을 근로자의 재량으로 위임할 필요가 있는 업무의 경우에는 실제로 근로를 제공하였는지 여부와 관계없이 소정근로일을 개근한 것으로 보아 주휴일을 부여하여야 한다(근로기준법 58조).

4절 주휴수당 부여방법

1. 유급

근로기준법은 주휴일을 유급으로 부여한다고 규정하면서도 이때 지급하는 주휴수당에 대해 어떤 임금으로 지급할지 법령으로 규정하지 않고 있다.

행정해석에 따르면 유급휴일에 대해서는 8시간분에 해당하는 통상임금을 지급하는 것을 원칙으로 한다.[288]

2. 소정근로시간

가. 대법원 판례

월 소정근로시간 계산 시 1일의 소정근로시간과 월 소정근로일수에는 평균개념을 사용한다고 판시하였다.[289]

나. 행정해석

행정해석은 주휴수당으로 지급되는 임금의 범위에 대해 당해 사업장 근로시간

---

[288] 근기 01254-11478, 1989. 11. 3.
[289] 대판 1991. 6. 28. 90다카14758

이 법정근로시간을 초과하는 경우에는 법정근로시간에 대한 임금을, 근로시간이 법정근로시간보다 적은 경우에는 소정근로시간에 대한 임금으로 한다고 보고 있다.[290]

유급휴일이나 연차휴가의 유급임금은 특정일 구분 없이 정상근로일의 소정근로시간을 기준으로 산정하여 지급하는 것이므로, 1일 8시간을 기준으로 해야 한다는 행정해석도 있다.[291]

5절 주휴수당이 문제 되는 경우

1. 휴일이 중복되는 경우

주휴일과 다른 유급휴일이 중복된다면 단체협약이나 취업규칙에서 달리 정하지 않는 한 1일의 유급휴가만 부여하면 된다. 이날 근로자가 근로를 제공한 경우 휴일근로임금과 가산수당은 1일분만 지급하면 족하다.[292]

2. 주 소정근로일을 개근하고 퇴사하는 경우

주 소정근로일을 개근하고 퇴사하는 경우 또는 주 소정근로일을 개근하였으나 방학·휴가·휴직 등으로 다음 주 근무가 예정되어 있지 않은 경우에는 주휴일 자체가 발생하지 않으므로 주휴수당도 발생하지 않는다. 같은 맥락에서 1주일만 근무하고 퇴사하는 경우에도 더 이상의 근로가 없으므로 주휴수당은 발생하지 않

290) 근기 01254-5392, 1987. 4. 2.
291) 근기 01254-14463, 1990. 10. 17.
292) 근기 1455-23011, 1987. 7. 24.

는다. 이는 근로기준법상 휴일제도가 연속된 근로에서의 근로자 피로회복 및 여가 활용을 위한 취지에서 만들어진 것이기에 근로관계가 단절됐다면 휴일 부여의무의 필요성을 인정하지 않기 때문인 것으로 보인다. 물론 주휴일이 1주일의 소정근로일을 개근한 자에게 주어지는 보상적 휴가라고 보아 계속근로 여부와 관계없이 보상이 이루어져야 한다는 반론도 존재한다.

3. 단시간 근로자 주휴일

단시간 근로자의 근로조건은 그 사업장의 같은 종류의 업무에 종사하는 통상 근로자의 근로시간을 기준으로 산정한 비율에 따라 결정하여야 한다(근로기준법 18조1항). 4주 평균하여 1주 소정근로시간이 15시간 미만인 근로자를 제외한 단시간 근로자의 경우 시간급에 4주 평균 1일 소정근로시간을 곱한 금액인 일급통상금액을 주휴수당으로 지급하면 된다.[293]

4. 소정근로시간이 불규칙적인 경우

소정근로시간이 불규칙하여 정할 수 없다면 실무적으로 4주 동안을 평균하여 1일 소정근로시간을 산정 후 이를 주휴수당 지급기준으로 정한다.

---

293) 하갑래 「근로기준법」 412쪽

퇴직급여와 주요 법정수당

4장
가산수당

4장
가산수당

1절 시간외근로수당

1. 개념

근로기준법에 정한 법정근로시간을 초과하여 노사 간 합의 또는 고용노동부장관 인가 등에 의하여 정하여진 연장근로를 실제로 제공하였다면, 시간외근로에 해당한다.

가. 법정근로시간

1주간의 근로시간은 휴게시간을 제하고 40시간을 초과할 수 없고, 1일의 근로시간은 휴게시간을 제외하고 8시간을 초과할 수 없다(근로기준법 50조1·2항) 또한 15세 이상 18세 미만자의 근로시간은 1일에 7시간, 1주일에 40시간을 초과하지 못한다(69조 본문). 한편 탄력적 근로시간제(51조) 및 선택적 근로시간제(52조)와 같이 일정한 단위기간을 기준으로 하여 1주간 근로시간을 40시간으로 하는 변형된 형태의 기준근로시간제도 또한 인정되고 있다.

사용자는 임신 중의 여성 근로자에게 시간외근로를 하게 하여서는 안 된다. 근로자의 요구가 있는 경우에는 쉬운 종류의 근로로 전환하여야 한다(74조5항). 사용자는 임신 후 12주 이내 또는 36주 이후에 있는 여성 근로자가 1일 2시간의 근로시간 단축을 신청하는 경우 이를 허용하여야 한다. 다만 1일 근로시간이 8시간 미만인 근로자에 대하여는 1일 근로시간이 6시간이 되도록 근로시간 단축을 허용할 수 있다(74조7항). 사용자는 이에 따른 근로시간 단축을 이유로 해당 근로자의 임금을 삭감하여서는 안 된다(74조8항).

나. 예외적 연장근로

당사자 간에 합의하면 1주간에 12시간을 한도로 50조의 근로시간을 연장할 수 있다. 15세 이상 18세 미만인 자의 근로시간은 당사자 사이의 합의에 따라 1일에 1시간, 1주일에 6시간을 한도로 연장할 수 있다(근로기준법 69조 단서). 사용자는 산후 1년이 지나지 않은 여성에 대하여는 단체협약이 있는 경우라도 1일에 2시간, 1주일에 6시간, 1년에 150시간을 초과하는 시간외근로를 시키지 못한다(근로기준법 71조).

당사자 간에 합의하면 1주간에 12시간을 한도로 탄력적 근로시간제의 근로시간을 연장할 수 있고, 정산기간(1개월 이내의 일정한 기간으로 정하여야 한다)을 평균하여 1주간에 12시간을 초과하지 아니하는 범위에서 선택적 근로시간제의 근로시간을 연장할 수 있다(근로기준법 53조2항). 사용자는 특별한 사정이 있으면 고용노동부장관의 인가와 근로자의 동의를 받아 1항과 2항의 근로시간을 연장할 수 있다. 사태가 급박하여 고용노동부장관의 인가를 받을 시간이 없는 경우에는 사후에 지체 없이 승인을 받아야 한다(근로기준법 53조3항).

당사자 간 합의는 원칙적으로 사용자와 근로자 간 개별적 합의를 의미하고, 이와 같은 개별 근로자와의 연장근로에 관한 합의는 근로계약 등으로 미리 약정하는 것도 가능하며, 단체협약에 의한 합의도 가능하다.[294]

---

[294] 대판 1993. 12. 21. 93누5796, 대판 1995. 2. 10. 94다19228

다음의 어느 하나에 해당하는 사업에 대하여 사용자가 근로자대표와 서면합의를 한 경우에는 주 12시간을 초과하여 연장근로를 하게 할 수 있다(근로기준법 59조).

1. 운수업, 물품 판매 및 보관업, 금융보험업
2. 영화 제작 및 흥행업, 통신업, 교육연구 및 조사 사업, 광고업
3. 의료 및 위생 사업, 접객업, 소각 및 청소업, 이용업
4. 그 밖에 공중의 편의 또는 업무의 특성상 필요한 경우로서 대통령령으로 정하는 사업

근로시간과 휴게·휴일에 관한 규정은 다음에 해당하는 근로자에게는 적용하지 않는다.

1. 토지의 경작·개간, 식물의 재식(栽植)·재배·채취 사업, 그 밖의 농림 사업
2. 동물의 사육, 수산 동식물의 채포(採捕)·양식 사업, 그 밖의 축산, 양잠, 수산 사업
3. 감시(監視) 또는 단속적(斷續的)으로 근로에 종사하는 자로서 사용자가 고용노동부장관의 승인을 받은 자
4. 대통령령으로 정하는 업무에 종사하는 근로자

2. 시간외근로시간 수의 산정

시간외근로시간 수는 근로자가 현실적으로 근로를 제공한 실제의 근로시간을 기준으로 하여 정하여진다. 노사 간 합의 또는 고용노동부장관의 인가 없이 위법한 시간외근로 역시 시간외근로시간 수에 합산되어야 한다.

24시간 격일제 근무 같은 교대제 근무의 경우에도 시간외, 야간 휴일근로수당에 관한 근로기준법이 적용된다.

숙·일직근무에 대하여 가산임금을 지급할지 여부의 결정은 그 업무가 통상의 근로인지, 대기성 단속 업무인지에 따라 결정된다. 구체적으로 숙·일직근무의 내용이 통상의 근로에 해당한다고 인정하기 위하여는 숙·일직 시의 근무가 통상 근무시간의 구속으로부터 완전히 벗어난 것인가, 또는 통상 근무의 태양이 그대로 계속되는 것인가의 여부, 숙·일직근무 중 본래의 업무에 종사하는 빈도 내지 시간의 장·단, 숙직근무 시 충분한 수면시간이 보장되는 지의 여부 등을 충분히 심리하여 숙·일직근무의 태양이 그 내용과 질에 있어 통상근무의 태양과 마찬가지라고 인정될 때에 한하여 숙·일직근무를 통상의 근로로 본다. 이에 대하여 통상임금 및 근로기준법 소정의 가산임금을 지급하여야 하고, 숙·일직근무가 전체적으로 보아 근로 밀도가 낮은 대기성 단속적 업무에 해당할 경우에는 숙·일직근무 중 실제로 통상근무에 종사한 시간에 한하여 위 법 소정의 가산임금을 지급하여야 한다.

관/련/판/례

대학병원 약사의 숙·일직근무의 내용이 통상의 근로인지 대기성의 단속적 업무인지에 대한 심리방법 판시

연차휴가를 이용하지 아니하고 계속근로한 근로자들은 사용자에 대하여 그 휴가일수에 해당하는 임금을 청구할 수 있고 이러한 임금의 지급청구권은 근로자의 퇴직으로 소멸하지 않고, 퇴직 전에 연차휴가 청구권을 행사하지 않았다고 하여 발생하지 않는 것도 아니며, 사용자의 연차휴가 미사용수당 지급의무는 연차휴가에 대한 금전보상을 규정하고 있는 사용자의 보수규정이 무효인지의 여부와 관련없이 발생한다.

〈대법원 1990. 12. 26. 선고 90다카13465 판결〉

3. 할증률

사용자는 연장근로에 대하여는 통상임금의 100분의 50 이상을 가산하여 지급하여야 한다(근로기준법 56조). 시간외근로가 야간근로 또는 휴일근로와 중복되

면 각 사유별 할증률을 합산한다.295)

2절 야간근로수당

1. 개념

근로자가 오후 10시부터 오전 6시까지 사이의 근로를 제공하였다면, 이는 야간근로다(근로기준법 56조). 사용자는 18세 이상 여성을 오후 10시부터 오전 6시까지의 시간 및 휴일에 근로시키려면 그 근로자의 동의를 받아야 한다(70조1항). 사용자는 임산부와 18세 미만자를 오후 10시부터 오전 6시까지의 시간 및 휴일에 근로시키지 못한다. 다만 ① 18세 미만자의 동의가 있는 경우 ② 산후 1년이 지나지 아니한 여성의 동의가 있는 경우 ③ 임신 중의 여성이 명시적으로 청구하는 경우의 어느 하나에 해당하는 경우로서 고용노동부장관의 인가를 받으면 그러하지 아니하다(70조2항). 사용자는 2항의 경우 고용노동부장관 인가를 받기 전에 근로자의 건강 및 모성보호를 위하여 그 시행 여부와 방법 등에 관하여 그 사업 또는 사업장 근로자대표와 성실하게 협의하여야 한다(70조3항).

2. 할증률

사용자는 야간근로에 대하여는 통상임금의 100분의 50 이상을 가산하여 지급하여야 한다(근로기준법 56조). 야간근로가 시간외근로 또는 휴일근로와 중복되면 각 사유별 할증률을 합산한다.296)

295) 대판 1991. 3. 22. 90다6545
296) 대판 1991. 3. 22. 90다6545

3절 휴일근로수당

1. 개념

사용자는 근로자에게 1주일에 평균 1회 이상의 유급휴일을 주어야 한다(근로기준법 55조). 이를 주휴일이라고 부른다.

근로시간은 휴게시간을 제외하고 1일 8시간을 초과할 수 없다고 규정하거나 사용자는 근로자에 대하여 1주일에 평균 1회 이상 유급휴일을 주어야 한다고 규정한 것, 오후 10시부터 오전 6시까지는 야간근로에 해당한다고 규정한 것은 매일 연속적으로 근로를 제공하는 경우에 한하지 않고, 1일 24시간 격일제로 근무하는 이른바 교대제 근무에도 적용된다. 그러므로 격일제 근무의 경우 시간외근로시간 수나 야간근로시간 수를 절반으로 나누어 계산하여야 한다거나 휴일이 근로일에 해당하여도 휴일근로수당을 별도로 지급할 필요가 없다는 취지의 주장은 타당하지 않다.[297]

연차휴가 등 휴가일에 근로하는 것은 휴일근로에 해당하지 않으므로 통상임금 100%를 지급하면 된다.[298]

2. 할증률

사용자는 휴일근로에 대하여는 통상임금의 100분의 50 이상을 가산하여 지급하여야 한다(근로기준법 56조). 무급휴일의 근로에 대하여는 통상임금의 100분의 150의 임금이 지급되어야 하고, 유급휴일의 근로에 대하여는 통상임금의 100

---

297) 대판 1997. 7. 22. 96다38995
298) 대판 1990. 12. 26. 90다카13465

분의 250의 임금이 지급되어야 한다.[299]

휴일근로가 야간근로 또는 시간외근로와 중복되면 각 사유별 할증률을 합산한다.[300]

4절 지급형태에 관한 문제

1. 포괄임금제 유효성

사용자가 근로계약을 체결함에 있어 근로자에 대하여 기본임금을 결정하고 이를 기초로 제 수당을 가산하여 이를 합산해 지급함이 원칙이나, 근로시간·근로형태와 업무의 성질 등을 참작하여 근로자의 승낙하에 기본임금을 미리 산정하지 아니한 채 제 수당을 합한 금액을 월급여액이나 일당임금으로 정하거나 매월 일정액을 제 수당으로 지급하는 내용의 이른바 포괄임금제에 의한 임금지급계약을 체결한 경우 ① 그것이 근로자에게 불이익이 없고 ② 제반 사정에 비추어 정당하다고 인정될 때에는 이를 무효라고 할 수 없다.[301]

2. 보상휴가제

사용자는 근로자대표와 서면합의에 따라 연장근로·야간근로 및 휴일근로에 대하여 임금을 지급하는 것을 갈음하여 휴가를 줄 수 있다(근로기준법 57조).

---

299) 대판 1989. 11. 28. 89다카1145
300) 대판 1991. 3. 22. 90다6545
301) 대판 1997. 7. 22. 96다38995 대학교 수위의 임금 지급형태가 그 구체적 사정에 비추어 포괄임금제에 해당되지 않는다고 본 사례

3부

임금채권의 보호

1절 집행절차상 보호

1. 임금채권 우선변제권

가. 근로기준법 등의 보호

임금, 재해보상금, 그 밖에 근로 관계로 인한 채권은 사용자의 총재산에 대하여 질권(質權)·저당권 또는 동산·채권 등의 담보에 관한 법률에 따른 담보권에 따라 담보된 채권 외에는 조세·공과금 및 다른 채권에 우선하여 변제되어야 한다. 다만 질권·저당권 또는 동산·채권 등의 담보에 관한 법률에 따른 담보권에 우선하는 조세·공과금에 대하여는 그렇지 않다(근로기준법 38조1항).

그러나 ① 최종 3개월분의 임금 ② 재해보상금 중 어느 하나에 해당하는 채권은 사용자의 총재산에 대하여 질권·저당권 또는 동산·채권 등의 담보에 관한 법률에 따른 담보권에 따라 담보된 채권, 조세·공과금 및 다른 채권에 우선하여 변제되어야 한다(근로기준법 38조2항).

사용자에게 지급의무가 있는 퇴직금, 확정급여형 퇴직연금제도 급여, 확정기여형 퇴직연금제도 부담금 중 미납입 부담금 및 미납입 부담금에 대한 지연이자, 개인형 퇴직연금제도의 부담금 중 미납입 부담금 및 미납입 부담금에 대한 지연이자(이하 "퇴직급여등"이라 한다)는 사용자의 총재산에 대하여 질권 또는 저당권에 의하여 담보된 채권을 제외하고는 조세·공과금 및 다른 채권에 우선하여 변제되어야 한다. 다만 질권 또는 저당권에 우선하는 조세·공과금에 대하여는 그렇지 않다(퇴직급여법 12조1항). 그러나 최종 3년간의 퇴직급여 등은 사용자 총재산에 대하여 질권 또는 저당권에 의하여 담보된 채권, 조세·공과금 및 다른 채권에 우선하여 변제되어야 한다(퇴직급여법 12조2항).

나. 법적 성질 및 효력

임금우선특권은 당사자 약정 없이도 법률 규정에 의하여 당연히 성립되는 법정담보물권이다. 그러나 근로기준법상 임금우선특권에 기하여 목적물에 대한 경매청구를 할 수 있는 권리가 인정되는 것은 아니다. 또한 사용자의 재산이 제3자에게 양도된 후 양수인의 양수재산에 대하여까지 우선권을 인정하지는 않는다.

임금채권에 근로기준법상 최우선변제권이 인정된다고 하더라도 사용자가 재산을 취득하기 전에 설정된 담보권에 대하여는 우선변제권이 인정되지 않는다.[302] 반면 임금채무를 지고 있던 사용자가 영업양도를 하면서 근저당권의 목적물인 부동산을 타인에게 양도하고, 근로자들의 근로관계도 양수인에게 승계된 경우에는 임금 등의 우선변제권이 유지된다.[303]

다. 우선변제를 받기 위한 절차

근로자가 임금채권을 우선변제받기 위해서는 집행법원에 배당요구를 하여야 한다(민사집행법 88조). 이는 배당요구 종기까지 하여야 하고(민사집행법 84조), 적법한 배당요구가 없으면 최우선변제권이 있는 임금 등이 있더라도 배당에서 제외되고, 후순위 채권자에게 배당되었다고 하여 이를 부당이득으로 반환청구할 수 없다.[304] 다만 체납처분절차에서는 체납처분절차를 주관하는 기관이 직권으로 배분할 금액을 확정하여 배분계산서를 작성하여야 하므로 배당요구를 하지 않았다 하더라도 부당이득반환청구가 가능하다.[305]

근로자로부터 임금채권 추심 위임을 받은 자나 임금채권 양수인은 스스로 임금지급을 청구할 수 없고, 근로자가 자신의 명의로 배당을 요구하여야 한다.[306] 하지

---

302) 대판 1994. 1. 11. 93다30938
303) 대판 2002. 10. 8. 2001다31141
304) 대판 1996. 12. 20. 95다28304
305) 대판 1999. 4. 27. 97다43253
306) 대판 1988. 12. 13. 87다카2803 전원합의체 판결

만 우선변제권 있는 임금채권을 대위변제한 자는 변제자대위의 효과로서 법률상 당연히 변제자에게 채권이 이전하므로 배당요구를 할 수 있고, 일반채권보다 우선변제를 받을 수 있다.[307]

경매개시결정의 기입등기 전에 가압류한 임금 채권자는 당연히 배당받을 자격이 있다. 배당요구 종기까지 별도 배당요구를 하지 않더라도 배당표가 확정되기 전까지 가압류한 청구채권이 우선권 있는 임금채권임을 입증하면 우선배당을 받을 수 있다.[308] 가압류가 경매개시결정 이후에 이루어진 경우에는 배당요구 종기까지 신고를 하거나 배당요구를 하여야만 배당을 받을 수 있다.

2. 압류의 제한

임금채권 압류명령은 강행법규에 위반되어 무효이고, 그 압류에 기한 전부명령도 무효다.

① 급료·연금·봉급·상여금·퇴직연금, 그 밖에 이와 비슷한 성질을 가진 급여채권의 2분의 1에 해당하는 금액(다만 그 금액이 국민기초생활보장법에 의한 최저생계비를 감안하여 대통령령이 정하는 금액에 미치지 못하는 경우 또는 표준적인 가구의 생계비를 감안하여 대통령령이 정하는 금액을 초과하는 경우에는 각각 당해 대통령령이 정하는 금액으로 한다) ② 퇴직금 그 밖에 이와 비슷한 성질을 가진 급여채권의 2분의 1에 해당하는 금액은 압류하지 못한다(민사집행법 246조 1항4·5호).

공무원·군인·사립학교 교원의 급여를 받을 권리는 양도·압류하거나 담보로 제공할 수 없다. 다만 연금인 급여를 받을 권리는 대통령령으로 정하는 금융기관에 담보로 제공할 수 있고, 국세징수법·지방세징수법·그 밖의 법률에 따른 체납

307) 대판 1996. 2. 23. 94다21160
308) 대판 2002. 5. 14. 2002다4870

처분의 대상으로 할 수 있다[309](공무원연금법 32조1항, 군인연금법 7조1항, 사립학교교직원 연금법 40조1항). 수급권자에게 지급된 급여 중 민사집행법 195조3호에서 정하는 금액(채무자 등의 생활에 필요한 1월간의 생계비로서 대통령이 정하는 액수의 금전) 이하는 압류할 수 없다(공무원연금법 32조2항, 군인연금법 7조2항, 사립학교교직원 연금법 40조2항).

건설업자가 도급받은 건설공사의 도급금액 중 그 공사(하도급한 공사를 포함한다)의 근로자에게 지급하여야 할 임금에 상당하는 금액은 압류할 수 없다(건설산업기본법 88조1항). 노임에 상당하는 금액은 당해 건설공사의 도급금액 중 산출내역서에 기재된 노임을 합산하여 이를 산정한다. 건설공사의 발주자(하도급의 경우에는 수급인을 포함한다)는 1항의 규정에 의한 노임을 도급계약서 또는 하도급계약서에 명시하여야 한다(건설산업기본법 시행령 84조1·2항).

2절 도산절차상 보호

근로자의 임금·퇴직금 및 재해보상금은 공익채권으로 하여 회생절차에 의하지 아니하고 수시로 변제할 수 있다(채무자 회생 및 파산에 관한 법률 179조10호, 180조1항). 이는 회생채권과 회생담보권에 우선하여 변제한다(채무자 회생 및 파산에 관한 법률 180조2항).

근로자의 임금·퇴직금 및 재해보상금은 회생절차가 파산절차로 이행한 때에는

---

309) 군인은 급여를 받을 권리를 군인연금기금의 대부(貸付) 또는 국가유공자 등 예우 및 지원에 관한 법률 및 제대군인지원에 관한 법률에 따른 대부를 받기 위하여 국가에 담보로 제공하는 경우에도 담보로 제공할 수 있다.
사립학교 교직원은 급여를 받을 권리가 지방세징수법, 그 밖의 법률에 따른 체납처분의 대상으로 될 수는 없으나 급여를 받을 권리를 공단에 대한 채무 담보로 제공하는 경우에도 양도·압류·담보로 제공 가능하다.

파산법상 재단채권이 되며, 이는 파산절차에 의하지 아니하고 수시로 변제하되 파산채권보다 먼저 변제되고 다른 재단채권에도 우선한다(채무자 회생 및 파산에 관한 법률 473조10호, 475조, 476조, 477조2항). 파산재단이 재단채권 총액을 변제하기에 부족한 것이 분명하게 된 때에는 재단채권 변제는 다른 법령이 규정하는 우선권에도 불구하고 아직 변제하지 아니한 채권액의 비율에 따라야 한다(채무자 회생 및 파산에 관한 법률 477조1항).

3절 실체법상 보호

1. 임금채권의 지급방법

임금은 통화(通貨)로 직접 근로자에게 그 전액을 지급하여야 한다. 법령 또는 단체협약에 특별한 규정이 있는 경우에는 임금의 일부를 공제하거나 통화 이외의 것으로 지급할 수 있다. 임금은 매월 1회 이상 일정한 날짜를 정하여 지급하여야 한다. 임시로 지급하는 임금, 수당, 그 밖에 이에 준하는 것 또는 대통령령으로 정하는 임금에 대하여는 그렇지 않다(근로기준법 43조). 이는 통화지급, 전액지급, 직접지급, 월 1회 이상 정기급 원칙을 천명한 것이다.

가. 직접지급 원칙

근로자 임금채권은 양도할 수 있되, 임금 직접지급 원칙에 비추어 사용자는 근로자에게 직접 임금을 지급하여야 하고, 양수인은 스스로 사용자에 대하여 임금지급을 청구할 수 없고, 임금채권 양수인이나 임금채권 추심을 위임받은 자는 사용자의 집행재산에 대하여 배당을 요구할 수도 없다.

나. 전액지급 원칙

(1) 상계의 금지

사용자는 전차금(前借金)이나 그 밖에 근로할 것을 조건으로 하는 전대(前貸)채권과 임금을 상계하지 못한다(근로기준법 21조). 민법 497조는 압류금지채권을 수동채권으로 하는 상계를 금지하고 있다.

예외적으로 초과 지급된 임금의 반환채권에 한하여 상계가 허용된다. 일반적으로 임금은 직접 근로자에게 전액을 지급하여야 하므로 사용자가 근로자에 대하여 가지는 채권으로서 근로자의 임금채권과 상계를 하지 못하는 것이 원칙이나, 계산 착오 등으로 임금이 초과 지급되었을 때 그 행사의 시기가 초과 지급된 시기와 임금의 정산, 조정의 실질을 잃지 않을 만큼 합리적으로 밀접되어 있고 금액과 방법이 미리 예고되는 등 근로자 경제생활의 안정을 해할 염려가 없는 경우나, 근로자가 퇴직한 후에 그 재직 중 지급되지 않은 임금이나 퇴직금을 청구하는 경우에는 초과 지급된 임금의 반환청구권을 자동채권으로 하여 상계할 수 있다. 따라서 근로자가 일정 기간 동안의 미지급 법정수당을 청구하는 경우에 사용자가 같은 기간 동안 법정수당 초과 지급 부분이 있음을 이유로 상계나 그 충당을 주장하는 것도 허용된다.[310]

한편 상계가 금지된다고 하더라도 사용자가 임금채권 중 2분의 1 상당액에 관하여 압류 및 전부명령을 받아 변제에 충당하는 것은 금지되지 않는다.

(2) 상계합의 허용 여부

---

[310] 대판 1995. 12. 21. 94다26721 전원합의체 판결

근로기준법 42조1항 본문에서 "임금은 통화로 직접 근로자에게 그 전액을 지급하여야 한다"라고 규정하여 이른바 임금 전액지급 원칙을 선언한 취지는 사용자가 일방적으로 임금을 공제하는 것을 금지하여 근로자에게 임금 전액을 확실하게 지급받게 함으로써 근로자의 경제생활을 위협하는 일이 없도록 그 보호를 도모하려는 데 있다. 사용자가 근로자에 대하여 가지는 채권을 가지고 일방적으로 근로자의 임금채권을 상계하는 것은 금지된다. 사용자가 근로자 동의를 얻어 근로자 임금채권에 대하여 상계하는 경우에 그 동의가 근로자의 자유로운 의사에 터잡아 이루어진 것이라고 인정할 만한 합리적인 이유가 객관적으로 존재하는 때에는 근로기준법 42조1항 본문을 위반하지 않는다고 보아야 한다. 다만 임금 전액지급 원칙 취지에 비추어 볼 때 그 동의가 근로자의 자유로운 의사에 기한 것이라는 판단은 엄격하고 신중하게 이루어져야 한다.[311]

(3) 임금채권 포기 허용 여부

퇴직금을 제외한 임금채권에 대하여는 현저히 합리성을 결여하지 않는 이상 노사 간의 정당한 합의에 의하여 사전포기 또는 사후포기가 허용된다. 퇴직금 채권 사전포기는 강행규정에 위반하여 무효이지만 사후포기는 합리성을 현저히 결여하지 않는 이상 정당한 합의로 허용된다.

퇴직금은 사용자가 일정 기간을 계속근로하고 퇴직하는 근로자에게 계속근로 대가로서 지급하는 후불적 임금의 성질을 띤 금원이다. 구체적인 퇴직금 청구권은 계속근로가 끝나는 퇴직이라는 사실을 요건으로 하여 발생하는 것인 바, 최종 퇴직 시 발생하는 퇴직금 청구권을 사전에 포기하거나 사전에 그에 관한 민사상 소송을 제기하지 않겠다는 부제소특약을 하는 것은 강행법규인 구 근로기준법(1997. 3. 13. 법률 제5305호로 폐지되기 전의 법률)에 위반되어 무효다.[312]

---

311) 대판 2001. 10. 23. 2001다25184
312) 대판 1998. 3. 27. 97다49732

근로자가 회사를 퇴직하고 퇴직금 등을 수령하면서 "회사와의 근로관계를 종료함에 있어 노사합의에 의한 퇴직금, 가산금 및 특별위로금 등 근로 대가 일체를 지급받은 바, 근로관계 종료와 관련하여 추후 여하한 이의제기도 하지 않을 것을 서약합니다"라는 내용의 서약서에 서명한 경우 그 문언에 표시된 대로 회사와의 근로관계가 종료됨으로 인하여 발생하는 모든 법률관계 특히 퇴직금, 가산금 및 특별위로금 등 근로 대가와 관련한 일체의 청구권을 포기한 것이거나 향후 이에 관한 민사상 소송을 제기하지 않겠다는 부제소특약을 한 것으로 봄이 합리적인 의사 해석의 방법이고, 소권이 공권이라거나 퇴직금제도 자체가 강행법규 성질을 띠고 있다고 하여 이러한 특약을 할 수 없는 것이 아닐 뿐 아니라, 근로자가 퇴직금 청구소송을 먼저 제기한 후 서약서에 서명날인 하고서도 퇴직금 청구소송을 계속할 의사를 가지고 있었다는 사정은 근로자의 내심 의사에 지나지 않은 것으로 그와 같은 의사가 외부로 표시된 것이 아닌 이상 의사표시 해석에 참작할 것도 아니다.[313]

이미 구체적으로 그 지급청구권이 발생한 임금(상여금 포함)이나 퇴직금은 근로자의 사적 재산영역으로 옮겨져 근로자 처분에 맡겨진 것이기 때문에 노동조합이 근로자들로부터 개별적인 동의나 수권을 받지 않는 이상, 사용자와의 단체협약만으로 이에 대한 포기나 지급유예 같은 처분행위를 할 수 없다.

그렇지만 단체협약에 의하여 상여금을 당분간 지급하지로 않기로 하는 것은 협약자치의 원칙상 허용된다. 협약자지의 원칙상 노동조합은 사용자와 시이에 근로조건을 유리하게 변경하는 내용의 단체협약뿐만 아니라 근로조건을 불리하게 변경하는 내용의 단체협약을 체결할 수 있으므로, 근로조건을 불리하게 변경하는 내용의 단체협약이 현저히 합리성을 결하여 노동조합의 목적을 벗어난 것으로 볼 수 있는 경우와 같은 특별한 사정이 없는 한 그러한 노사 간 합의를 무효라고 볼 수는 없다. 노동조합으로서는 그러한 합의를 위하여 사전에 근로자들로부터 개별

---

[313] 대판 1997. 11. 28. 97다11133

적인 동의나 수권을 받을 필요가 없으며, 단체협약이 현저히 합리성을 결하였는지 여부는 단체협약의 내용과 그 체결 경위, 당시 사용자측 경영상태 등 여러 사정에 비추어 판단해야 한다.[314]

2. 도급사업에서 임금지급 연대채무

사업이 여러 차례 도급에 따라 행하여지는 경우에 하수급인(下受給人)이 직상(直上) 수급인의 귀책사유로 근로자에게 임금을 지급하지 못했다면 직상 수급인은 하수급인과 연대하여 책임을 진다. 직상 수급인의 귀책사유가 그 상위 수급인의 귀책사유에 의하여 발생한 경우에는 그 상위 수급인도 연대하여 책임을 진다(근로기준법 44조1항).

수급인의 귀책사유는 다음과 같다(근로기준법 시행령 24조, 근로기준법 44조2항).

1. 정당한 사유 없이 도급계약에서 정한 도급금액 지급일에 도급금액을 지급하지 아니한 경우
2. 정당한 사유 없이 도급계약에서 정한 원자재 공급을 늦게 하거나 공급을 하지 아니한 경우
3. 정당한 사유 없이 도급계약의 조건을 이행하지 아니하여 하수급인이 도급사업을 정상적으로 수행하지 못한 경우, 둘 이상의 사업에서 근로하는 「근로기준법」 제2조제8호에 따른 단시간근로자(일용근로자는 제외하며, 이하 "단시간근로자"라 한다)에게 평균임금을 적용하는 경우

3. 임금채권보장법에 의한 최우선변제권 확보

---

314) 대판 2000. 9. 29. 99다67536

경기 변동과 산업구조 변화 등으로 사업을 계속하는 것이 불가능하거나 기업의 경영이 불안정하여, 임금 등을 받지 못하고 퇴직한 근로자 등에게 그 지급을 보장하는 조치를 마련함으로써 근로자의 생활안정에 이바지하는 것을 목적으로 임금채권보장법이 제정되었다(임금채권보장법 1조).

임금채권보장법은 산업재해보상보험법에 따른 사업 또는 사업장에 적용한다(임금채권보장법 3조). 고용노동부장관은 사업주가 다음 각 호의 어느 하나에 해당하는 경우에 퇴직한 근로자가 지급받지 못한 임금 등의 지급을 청구하면 제3자의 변제에 관한 민법 469조에도 불구하고 그 근로자의 미지급 임금 등을 사업주를 대신하여 지급한다(임금채권보장법 7조1항).

1. 「채무자 회생 및 파산에 관한 법률」에 따른 회생절차개시의 결정이 있는 경우
2. 「채무자 회생 및 파산에 관한 법률」에 따른 파산선고의 결정이 있는 경우
3. 고용노동부장관이 대통령령으로 정한 요건과 절차에 따라 미지급 임금 등을 지급할 능력이 없다고 인정하는 경우
4. 사업주가 근로자에게 미지급 임금 등을 지급하라는 다음 각 목의 어느 하나에 해당하는 판결, 명령, 조정 또는 결정 등이 있는 경우
   가. 「민사집행법」 제24조에 따른 확정된 종국판결
   나. 「민사집행법」 제56조제3호에 따른 확정된 지급명령
   다. 「민사집행법」 제56조제5호에 따른 소송상 화해, 청구의 인낙(認諾) 등 확정판결과 같은 효력을 가지는 것
   라. 「민사조정법」 제28조에 따라 성립된 조정
   마. 「민사조정법」 제30조에 따른 확정된 조정을 갈음하는 결정
   바. 「소액사건심판법」 제5조의7제1항에 따른 확정된 이행권고결정

고용노동부장관은 체당금 지급에 충당하기 위하여 임금채권보장기금(이하 "기금"이라 한다)을 설치한다(임금채권보장법 17조).

고용노동부장관이 사업주를 대신하여 지급하는 임금 등(이하 "체당금(替當金)"이라 한다)의 범위는 다음 각 호와 같다. 다만 대통령령으로 정하는 바에 따라 체당금 상한액은 근로자의 퇴직 당시 연령 등을 고려하여 따로 정할 수 있으며 체당

금이 적은 경우에는 지급하지 않을 수 있다(임금채권보장법 7조2항).

> 1. 「근로기준법」 제38조제2항제1호에 따른 임금 및 「근로자퇴직급여 보장법」 제12조제2항에 따른 최종 3년간의 퇴직급여 등
> 2. 「근로기준법」 제46조에 따른 휴업수당(최종 3개월분으로 한정한다)

체당금을 지급받을 권리는 양도 또는 압류하거나 담보로 제공할 수 없다(임금채권보장법 11조1항). 미성년자인 근로자는 독자적으로 체당금 지급을 청구할 수 있다(임금채권보장법 11조3항).

고용노동부장관은 근로자에게 체당금을 지급하였을 때에는 그 지급한 금액의 한도에서 그 근로자가 해당 사업주에 대하여 미지급 임금등을 청구할 수 있는 권리를 대위(代位)한다(임금채권보장법 8조1항). 근로기준법 38조2항에 따른 임금채권 우선변제권 및 근로자퇴직급여 보장법 12조2항에 따른 퇴직급여등 채권 우선변제권은 1항에 따라 대위되는 권리에 존속한다(임금채권보장법 8조2항).

4. 위약예정 금지에 의한 보호

사용자는 근로계약 불이행에 대한 위약금 또는 손해배상액을 예정하는 계약을 체결하지 못한다(근로기준법 20조). 이는 강행규정으로 위반할 경우 무효다.

근로자가 일정 기간 동안 근무하기로 하면서 이를 위반할 경우 소정 금원을 사용자에게 지급하기로 약정하는 경우, 그 약정의 취지가 약정한 근무기간 이전에 퇴직하면 그로 인하여 사용자에게 어떤 손해가 어느 정도 발생하였는지 묻지 않고 바로 소정 금액을 사용자에게 지급하기로 하는 것이라면 이는 명백히 구 근로기준법(2007. 4. 11. 법률 8372호로 전문 개정되기 전의 것) 27조에 반하는 것이어서 효력을 인정할 수 없다. 그 약정이 미리 정한 근무기간 이전에 퇴직하였다는 이유로 마땅히 근로자에게 지급되어야 할 임금을 반환하기로 하는 취지일 때에도, 결과적으로 위 조항의 입법 목적에 반하는 것이어서 역시 그 효력을 인정할 수

없다.

 다만 그 약정이 사용자가 근로자의 교육훈련 또는 연수를 위한 비용을 우선 지출하고 근로자는 실제 지출된 비용의 전부 또는 일부를 상환하는 의무를 부담하기로 하되 장차 일정 기간 동안 근무하는 경우 그 상환의무를 면제해 주기로 하는 취지인 경우에는, 그러한 약정의 필요성이 인정된다. 이때 주로 사용자의 업무상 필요와 이익을 위하여 원래 사용자가 부담하여야 할 성질의 비용을 지출한 것에 불과한 정도가 아니라 근로자의 자발적 희망과 이익까지 고려하여 근로자가 전적으로 또는 공동으로 부담하여야 할 비용을 사용자가 대신 지출한 것으로 평가되며, 약정 근무기간 및 상환해야 할 비용이 합리적이고 타당한 범위 내에서 정해져 있는 등 위와 같은 약정으로 인하여 근로자의 의사에 반하는 계속근로를 부당하게 강제하는 것으로 평가되지 않는다면, 그러한 약정까지 구 근로기준법 27조에 반하는 것은 아니다.[315]

 그러나 일정한 의무재직기간 이상 근무하지 아니할 때에는 기업체가 지급한 임금 전부 또는 일부를 상환하도록 하되 의무재직기간 동안 근무하는 경우에는 이를 면제하기로 약정한 경우, 임금 반환을 약정한 부분은 기업체가 근로자에게 근로의 대상으로 지급한 임금을 채무불이행을 이유로 반환하기로 하는 약정으로서 실질적으로는 위약금 또는 손해배상을 예정하는 계약이므로 근로기준법 24조에 위반되어 무효다.[316]

5. 임금채권의 소멸시효

 임금채권은 3년간 행사하지 아니하면 시효로 소멸한다(근로기준법 49조).
 소멸시효 기산점과 관련하여 퇴직금 청구권은 퇴직한 다음 날부터 행사할 수 있고, 미지급 중간퇴직금 채권의 소멸시효는 퇴직금 중간정산일로부터 기산된다.

---

315) 대판 2008. 10. 23. 2006다37274
316) 대판 1996. 12. 6. 95다24944, 24951

색인

IRP   148~150, 170~171

ㄱ

가동격려금   40
가산임금   59, 96, 106~107, 184, 213
가족수당   13, 24, 27~28, 68, 72~73, 96, 106~107
간병급여   45
감시 또는 단속적 근로자   35, 103~104, 203, 212~213
개인연금보조금   28~29, 68, 73~74
격려금   38~40, 78
경영성과금   36, 38~39
고속도로비   32
고정성   59~62, 64~69, 71, 74~75, 78~79
교재연구비   23
구직급여   45
근속가산금   80
금품청산제도   122, 191
급식수당   96, 107
기능수당   66
기밀비   16, 36
기술수당   66, 96
김장보너스   68, 74

ㄴ

노무수당   33
노사신뢰구축격려금   40
능률수당   83, 98, 106

ㄷ

단체보험료   29, 68, 74
도급   58, 60, 87, 90, 96, 101, 107~108, 204, 221, 226

ㅁ

만근수당   64

색인

면허수당	66, 81, 96
명절 떡값	65
목욕비	16, 30
목표달성 성과금	38
물가수당	83, 96

ㅂ

벽지수당	81~82, 96
복리후생급여	16, 25~26, 70~72, 96~98, 106~107
봉사료	19, 99
부동산현황조사수당	32~33

ㅅ

사납금	20~23, 38, 90, 137
사택수당	31
상병보상연금	45, 53~54
생산장려격려금	38~39, 78, 83, 97
생일자지원금	68, 74
선물비	24, 30, 68, 74
설·추석귀향비	30
성과급	18, 37~38, 41, 69, 77
소정근로일	84, 105, 199, 200~202, 204~206
수습	48, 52, 104, 119, 134, 169
승무수당	79, 97
시간외근로수당	58, 88, 210
식권	25~26, 70~71
식대	24, 26, 32, 64, 71
실비변상	16, 24, 28~29, 32~36, 75~76

ㅇ

야간근로수당	58, 214
연구수당	16, 36
연장근로수당	96, 107, 184, 210~213, 216
연차수당	84, 178~179
연차휴가	44, 51, 84, 96, 98, 107, 168, 178~196, 202, 206, 213, 215

색인

영업설비 사용이익	20
외근여비	32
요양급여	45, 46
운송수입금	20~23, 38, 90, 137
운행수당	32, 64
월동보조비	75
위로금	31, 225
위약예정 금지	228
위험수당	66
유가증권	19
유급휴일	84, 89, 96, 98, 107, 199, 200~202, 205~206, 215
유족급여	45, 53
인센티브	18, 40~41, 78
일률성	17, 59~63, 66, 68~71, 80
일용직 또는 일용직 근로자	54~55, 119, 125~126, 149, 204, 226
일할계산	64, 66, 68, 79
일·숙직수당	35, 76, 96, 107
임금체불	190
입갱수당	64

ㅈ

자가운전보조비	34, 74
자격수당	66
자녀학자금보조비	26
작업용품대금	30~31
작업출장비	32
장기근속수당	80~81
장기성과급	41
장려금	24, 78
장의비	45, 53
장해급여	45
재해보상금	16, 46, 218, 221
전임자 급여	16
전차금 상계금지	223
접대교제비	36
정근수당	64, 96, 106

색인

정기성	16, 59, 60, 62, 69~70, 77
정기승차권	35
조의금	15, 31
조정수당	83, 96
주택수당	13, 96, 107
주휴수당	84, 100, 198, 205, 206~207
직급보조비	33
직업재활급여	45
직원복지연금	29

ㅊ

차량운행수당	32
차량유지비	16, 34, 75
창사기념일 특별상여금	37
체당금	188~189, 227~228
체력단련비	30, 50, 65, 96, 107
최우선변제권	219, 226
최저임금	53~54, 89, 94~108, 190
축의금	15, 31
출근수당	64
출장비	16, 32, 35, 76
출퇴근교통비	34~35, 76

ㅌ

택시운전근로자	21~22, 106, 137
통근비	19, 35
통상임금	16, 24, 27~28, 44, 47~48, 58~64, 67~91, 98, 178~179, 181, 183, 185~186, 205, 213~215
퇴직금	15, 20~22, 38, 45~47, 51, 56, 112~119, 122~146, 149~152, 159, 163~165, 172, 174~175, 186~188, 191, 218, 220~221, 223~225, 229
퇴직금 분할 약정	142, 144
퇴직금 중간정산	46, 122, 138~142, 150, 164, 174~175, 229
퇴직연금	112~113, 115, 117, 145~175, 189, 218, 220
특별생산격려금	40

색인

특별성과상여금	37
특수작업수당	81~82, 96
팀 인센티브	18, 40~41, 78

ㅍ

판공비	16, 36
판매대금	19
평균임금	15~16, 20~24, 27~28, 30~31, 35, 38, 44~56, 91, 99, 118~119, 126, 136~138, 150, 168, 174, 179, 181, 183, 186~188, 202, 226
포괄임금제	83, 185, 190, 216
포상금	40~41, 78
프로모션	41

ㅎ

하기휴가비	30~31, 65, 68, 74
학비보조금	26, 72
한냉지근무수당	81~82, 96
할증률	87, 213, 214~216
항해수당	79, 97
해고예고수당	16, 59
해외파견수당	33
현물	19, 25, 31, 70~71, 96, 107
호의적·은혜적	15, 24~25, 27, 29, 31, 40, 42, 70, 80~81, 88
확정급여형 퇴직연금제도	112~113, 115, 117, 146, 149~150, 152~154, 159~160, 163~165, 167, 174~175, 218
확정기여형 퇴직연금제도	112~113, 115, 117, 146~147, 149~150, 152, 154, 159~160, 163, 168~169, 171, 175, 189
후생용품비	30~31
휴가비	30
휴업급여	53~54
휴일근로수당	58, 83~84, 96, 106, 184, 212, 215